Best tips ever!

W0238494

VOR ORT
STEPHANIE WAASDORP

STADT
LISSABON

JOB & TÄTIGKEITEN
TOURGUIDE BEI THUIS IN LISSABON

Die portugiesische Gewohnheit, auf dem Weg zur Arbeit einen Kaffee zu trinken, hat Stephanie gern übernommen. Und zwar am liebsten bei Martinho da Arcada. Zudem liebt sie die überraschenden Ausblicke und Aussichtspunkte. Dank der sieben Hügel, auf denen Lissabon erbaut ist, gibt es davon sehr viele.

PRAKTISCHE INFOS

Auf den sechs Routen in diesem Buch kannst du zu Fuß und in deinem eigenen Tempo die schönsten Viertel der Stadt erkunden. Die Routen führen vorbei an Museen und Sehenswürdigkeiten, aber vor allem zeigen sie dir, wo du besonders gut essen und trinken, einkaufen, genießen und Schönes entdecken kannst. Auf der Übersichtskarte vorn im Buch siehst du, durch welche Viertel die Routen führen.

Jede Route ist zu Beginn des jeweiligen Kapitels auf einem detaillierten Stadtplan genau eingezeichnet. Auch alle Adresse sind auf der Karte vermerkt. Anhand der farbigen Punkte siehst du gleich, um welche Art von Adresse es sich handelt (siehe Legende unten auf dieser Seite). Weiter hinten im Kapitel wird jede Adresse ausführlich beschrieben. Wenn du die beschriebenen Adressen nur kurz besuchst, brauchst du maximal drei Stunden für eine Route. Die Streckenlänge in Kilometern steht oben in der Routenbeschreibung.

PREISE

Damit du eine Vorstellung von den Restaurantpreisen bekommst, steht bei den Adressenangaben immer eine Preisangabe. Wenn nicht anders angegeben, gibt der Betrag den Durchschnittspreis für ein Hauptgericht an. Die Eintrittspreise von Sehenswürdigkeiten sind Normaltarife.

GUT ZU WISSEN

Die Gründer Lissabons, die Phönizier, nannten die Siedlung Alisubbo, „der gute Hafen". Die Mauren machten daraus al-Ishbuna, und so war der Name Lisboa geboren. Das historische Stadtzentrum von Lissabon liegt am Nordufer des Flusses Tejo, der etwas weiter in den Atlantik mündet.

LEGENDE

- >> SEHENSWÜRDIGKEITEN
- >> ESSEN & TRINKEN
- >> SHOPPEN
- >> FREIZEITTIPPS

Zur Metropole Lissabon gehört auch der westliche Badeort Cascais. Ebenso wie das romantische Städtchen Sintra in den Bergen im Nordwesten. Ein größerer Kontrast zwischen dem historischen Stadtzentrum von Lissabon und dem hochmodernen Parque das Nações ist kaum vorstellbar. Dieses Gelände, auf dem 1998 die Weltausstellung stattfand, hat sich inzwischen zu einem vollwertigen zweiten Stadtzentrum entwickelt.

PORTUGIESISCHE ESSGEWOHNHEITEN

Pastelarias spielen in der portugiesischen Esskultur eine wichtige Rolle. Diese „Imbissläden" bieten vom frühen Morgen und bis manchmal sogar 22.00 Uhr Sandwiches und alle Arten von Snacks an. Portugiesen beginnen den Tag oft in einer Pastelaria mit einer *bica* (Espresso) und einem Brötchen oder etwas Süßem. Das Mittagessen zwischen 13.00 und 15.00 Uhr ist die wichtigste Mahlzeit in Portugal. Die meisten Restaurants servieren dann ein komplettes Menü für etwa 12 €. Gegen 17.30 Uhr genießt man eine *lanche* in der Pastelaria: Toast mit Butter oder ein süßes oder herzhaftes Gebäck. Und das ist auch nötig, denn die Portugiesen essen erst zwischen 20.00 und 22.00 Uhr zu Abend. Die meisten Restaurants öffnen gegen 20.00 Uhr. Gut zu wissen: Sobald du in einem Restaurant Platz nimmst, werden dir alle möglichen Snacks serviert, wie Oliven, Käse, Brot, Butter und Thunfischpastete. Diese Appetithäppchen scheinen eine Geste des Hauses zu sein, aber wenn du sie isst, stehen sie später auf der Rechnung. In Portugal ist Trinkgeld in Restaurants und Cafés nicht obligatorisch, aber durchaus üblich. Es gibt keine feste Regel, wie viel angemessen ist.

In der portugiesischen Küche wird viel Fisch zubereitet. Kein Wunder, bei 832 Kilometern Küstenlinie! Der am häufigsten gegessene Fisch ist der *bacalhau*. Es heißt, dass es bis zu 365 Arten gibt, um getrockneten und gesalzenen Stockfisch zuzubereiten, eine für jeden Tag des Jahres. Calamari, Sardinen, Dorade, Wolfsbarsch und Meeresfrüchte sind ebenfalls beliebt. Die Portugiesen essen zudem gerne und viel Fleisch. Die traditionelle Küche ist immer noch ein nationaler Stolz, aber in Lissabon findest du auch viele Restaurants mit ausländischer Küche. Für Vegetarier gibt es eine große Auswahl. Außerdem sind die Köche oft bereit, ein Gericht den jeweiligen Wünschen anzupassen.

Portugiesen sind echte Kaffeetrinker. Sie beginnen und beenden den Tag mit einer *bica*, und zwar meist außer Haus (sie kostet oft nur 60 Cent). Eine *meia de leite* besteht zur Hälfte aus heißer Milch, zur Hälfte aus Kaffee, und ein *galão* ist die portugiesische Version unseres Milchkaffees. Ein *pingado* ist ein Espresso mit einem Tropfen Milch.

Die portugiesischen Weine stehen den französischen Weinen in nichts nach. Der berühmte Portwein ist süßer und stammt aus den Weinbergen des Douro-Tals im Hinterland von Porto.

NATIONALE FEIERTAGE

Neben Neujahr, Gründonnerstag, Karfreitag, Ostern, Pfingsten, Christi Himmelfahrt und Weihnachten gibt es in Lissabon folgende nationale und regionale Feiertage und Gedenktage:

25. April > Tag der Freiheit / Tag der Nelkenrevolution
1. Mai > Tag der Arbeit
10. Juni > Tag von Portugal

13. Juni > Santo António, Feiertag zu Ehren des Volksheiligen
15. August > Maria Himmelfahrt
5. Oktober > Tag der Republik
1. November > Allerheiligen
1. Dezember > Unabhängigkeitstag
8. Dezember > Maria Empfängnis

An diesen Tagen sind die meisten Geschäfte und viele gastronomische Einrichtungen geschlossen. Museen sind oft mit verkürzten Öffnungszeiten geöffnet.

HAST DU NOCH TIPPS?

Wir haben diesen Reiseführer mit größtmöglicher Sorgfalt zusammengestellt. Das Angebot an Läden und Restaurants wechselt in Lissabon jedoch ständig. Wir sind bemüht, die Routen und Adressen auf dem aktuellen Stand zu halten und überarbeiten diesen Reiseführer regelmäßig. Wenn du trotzdem eine Adresse nicht mehr finden kannst oder andere Anmerkungen oder Tipps zu diesem Reiseführer hast, dann lass es uns wissen. Schreib uns eine Mail an lektorat@verlagshaus.de.

VERKEHR

FLUG

Der **Flughafen** von Lissabon, Aeroporto Humberto Delgado, liegt etwa 6 Kilometer vom Stadtzentrum entfernt. Für die Fahrt vom Flughafen ins Stadtzentrum ist das Taxi eine gute Wahl. Die Fahrt kostet etwa 12,50 €, je nach Tageszeit und Lage deines Hotels. Zwischen 7.00 und 21.00 Uhr fährt alle 20 Minuten ein **Aerobus** vom Flughafen ins Stadtzentrum und hält an den Haltestellen Rossio und Praça do Comércio. Die Fahrt dauert rund 20 Minuten und kostet 4 €. Du gelangst auch mit der Metro und dem Stadtbus vom Flughafen ins Stadtzentrum. Es gibt keine Züge vom Flughafen in die Stadt.

TAXI & ÖFFENTLICHER NAHVERKEHR

Für eine **Taxi**fahrt innerhalb der Stadt zahlst du etwa 4,50 €. Du kannst auch die **Metro** nehmen. Das Netz besteht aus vier Linien, die jeweils eine eigene Farbe haben: Azul/Az (Blau), Amarela/Am (Gelb), Verde/Vd (Grün) und Vermelha/Vm

CALLING ALL FEMINISTS TO BOYCOTT FAST FASHION
WAKE UP.
WEAR VINTAGE.

(Rot). Eine Übersicht über alle Metrolinien findest du auf dem Metroplan hinten im Reiseführer.

Ein Einzelfahrschein für **Bus**, **Metro** oder **Tram** kostet 1,50 €. Hinzu kommen 50 Cent extra für die wiederaufladbare Magnetkarte. Diese Karten heißen cartão 7 Colinas oder Viva Viagem und können während des gesamten Aufenthalts in Lissabon verwendet werden. Du kannst für nur 6,45 Euro auch eine 24-Stunden-Kombikarte für Bus, Tram und Metro kaufen. Fahrkarten bekommst du am Fahrkartenschalter oder an den Automaten in jeder Metro-Station und an den Carris-Kiosken wie etwa am Cais do Sodré und Praça da Figueira, die von 8.00 bis 20.00 Uhr geöffnet sind.

Du kannst auch vor Ort im Bus oder in der Tram eine Fahrkarte kaufen. Pro Fahrt bezahlst du 2 € für den Bus oder 3 € für die Tram. Weitere Informationen findest du unter *www.carris.pt*.

ELEVADOR

In Lissabon gibt es vier **Elevadors** (Aufzüge), die dich direkt die Hügel hinauf- oder hinunterbringen. Drei davon sind die typischen gelben Tramlifte: der Elevador da Glória, der Elevador do Lavra und der Elevador da Bica. Der vierte Aufzug ist der Elevador de Santa Justa, der dich vom unteren Baixa-Viertel in das höher gelegene Chiado-Viertel bringt. Eine Fahrkarte kannst du in den Metrostationen und an Kiosken mit dem Carris-Logo kaufen. Du bezahlst dann den üblichen Standardtarif von 1,50 € für eine Einzelfahrkarte. Wenn du noch keine wiederaufladbare ÖPNV-Karte hast, kostet diese 50 Cent mehr. Ein Ticket kannst du auch im Lift kaufen. In diesem Fall zahlst du 3,80 € (Hin- und Rückfahrt) für die ersten drei genannten Lifte oder 5,30 € (Hin- und Rückfahrt) für den Santa-Justa-Lift.

NACH CASCAIS

Der **Zug** nach Cascais fährt alle 10 bis 20 Minuten von Cais do Sodré. Du kaufst die Fahrkarte am Fahrkartenschalter oder am Fahrkartenautomaten. Eine Hin- und Rückfahrkarte nach Cascais kostet 4,50 €. Du kannst auch eine Tageskarte für 10,60 € wählen, um 24 Stunden unbegrenzt mit Tram, Bus, Metro auf der Strecke Cais do Sodré–Cascais zu reisen. Die Fahrt dauert etwa 30 Minuten. Fährst du mit dem Nahverkehrszug? Das dauert 10 Minuten länger.

LISBOA CARD

Die Lisboa Card ermöglicht die unbegrenzte Nutzung der öffentlichen Verkehrsmittel in Lissabon, einschließlich der Züge nach Sintra und Cascais. Darüber hinaus bietet die Karte freien Eintritt oder Ermäßigungen in zahlreichen Museen, Sehenswürdigkeiten, Geschäften und Restaurants. Erhältlich ist die Karte bei den Büros von Turismo de Lisboa und am Flughafen bei Ask Me Lisboa in der Ankunftshalle. Dieser Schalter ist täglich von 9.00–20.00 Uhr geöffnet. Eine 24-Stunden-Karte kostet 20 €, eine 48-Stunden-Karte 34 € und eine 72-Stunden-Karte 42 €. Kinder zwischen 4 und 15 Jahren zahlen 13, 19 bzw. 22,50 €.

RAD FAHREN

Lissabon liegt auf sieben großen Hügeln, sodass **Radfahren** nicht immer zu empfehlen ist. Entlang des Flusses, zwischen Cais do Sodré und dem Turm von Belém, und auf der anderen Seite, von Santa Apolonia zum Parque das Nações, wurde ein Radweg gebaut, der sowohl Touristen als auch Einheimischen in Lissabon motivieren soll, öfter das Fahrrad zu nehmen. Die Einheimischen halten aber stur an ihren geliebten öffentlichen Verkehrsmitteln fest. Insgesamt gibt es nun rund 20 Kilometer offizielle Radwege in der Stadt. Der Nachteil ist, dass nicht alle Radwege miteinander verbunden sind. Außerdem sind Autofahrer noch nicht an Radfahrer in der Stadt gewöhnt. Fahre also vorsichtig.

Du kannst bei Biclas Chiado (*biclascom.negocio.site*) ein Rad mieten oder bei Thuis in Lissabon (*www.thuisinlissabon.nl*) eine Fahrradtour buchen. Oder du lädst dir die Uber-App herunter und schnappst dir eines der vielen elektrischen JUMP-Fahrräder, die überall in der Stadt verteilt stehen.

Der Küstenstreifen von Cascais eignet sich perfekt für eine Radtour. Es gibt Radwege vom Zentrum bis zum Praia Grande do Guincho. Ein Fahrrad kannst du zum Beispiel bei Tomorrow's Adventure (*www.tomorrowsadventure.pt*) mieten, das sich neben dem Bahnhof von Cascais befindet. Hier hast du die Wahl zwischen Citybike, Mountainbike oder E-Bike. Für ein normales Fahrrad oder Mountainbike zahlst du 10 € pro Tag, für ein E-Bike 25 € pro Tag.

FÁBRICA
-COFFEE ROASTERS-
LISBOA
BEST BEANS. GREAT COFFEE.
FÁBRICA
ESPRESSO
AMERICANO
LATTE
CAPPUCCINO
FLAT WHITE
ICED COFFEE
COLD BREW
WHOLE BEAN
BARISTA TOOLS
SANDWICHES
CRAFT BEER
Alarme

TOP 10 GRANDIOSE AUSSICHTEN

1 Einen besonderen Cocktail im **Le Chat** genießen > S. 89

---

2 Den Abend vom **Miradouro de São Pedro de Alcântara** einläuten > S. 34

---

3 Sonnenuntergang auf dem Dach des Hotels Bairro im **BAHR** > S. 25

---

4 Ein Panoramablick über die ganze Stadt: **Parque Eduardo VII** > S. 54

---

5 Blick über Alfama: **Miradouro das Portas do Sol** > S. 77

---

6 Sich wie ein König fühlen im **Castelo de São Jorge** > S. 68

---

7 Blick von oben am **Elevador de Santa Justa** auf die Stadt > S. 34

---

8 Die beste Aussicht auf das Meer von der **Boca do Inferno** > S. 122

---

9 Unübertroffen: **Miradouro da Senhora do Monte** > S. 74

---

10 Blick vom **Torre de Belém** auf den Fluss, den Ponte 25 de Abril und Cristo Rei > S. 105

TOP 10 RESTAURANTS

1 Eine atemberaubende Aussicht bei **Lost In** > S. 25

2 Köstliche Meeresfrüchte machen **Frades dos Mares** zum lokalen Favoriten > S. 90

3 Auf afrikanische Tour im **Cantinho do Aziz** > S. 49

4 Das multikulturelle Zentrum **O Corvo** > S. 50

5 **Pharmacia**: originelles Konzept und köstliche Cocktails > S. 30

6 *Sharing is caring* mit Häppchen im **Bubbles and Bites** > S. 126

7 Das **Antigo 1 de Maio** für ein typisch portugiesisches Erlebnis > S. 29

8 Das **Cantinho do Avilez** überrascht immer wieder > S. 24

9 Im **Ao 26** köstliche vegane Küche entdecken > S. 113

10 Das farbenfrohe **Chapitô** ist Restaurant (und Zirkusschule!) in erstklassiger Lage > S. 77

TOP 10

ABENDS AUSGEHEN

1 Ein besonderes Bier mit den Einheimischen im **Oitava Colina** trinken > S. 70

2 Augenschmaus im **Pavilhão Chinês** > S. 26

3 Donnerstag-, Freitag- und Samstagnacht in der **Taberna Moderna** tanzen > S. 70

4 Den Abend mit Kirschlikör im **Ginjinha do Rossio** beginnen > S. 69

5 Für Leidenschaft, Lust und Liebe ins **Pensão Amor** > S. 112

6 Bierliebhaber beenden den Tag im **Cerveteca** > S. 85

7 Allerbeste Fado-Nächte im **Maria da Mouraria** > S. 49

8 Die entspannte Atmosphäre im **Noobai** passt zur Aussicht > S. 30

9 Zum Drink in die **Josephine Bistrô-Bar** > S. 46

10 Sonnenuntergang mit einem Glas Wein im **BAHR** > S. 25

TOP 10 SONNTAG

1 Im **Jardim do Príncipe Real** entspannen > S. 37

2 Mit dem Zug für einen Tag nach **Cascais** > S. 118

3 Mit der **Tramlinie 28** durch Alfama > S. 74

4 Mit **Lisbon Sight Sailing** Lissabon vom Wasser aus erleben > Einstieg Doca de Alcântara/ Doca de Belém

5 Spaziergang durch den **Jardim da Estrela** zur Basilika > S. 94

6 Gemütlich frühstücken im **Tease** > S. 86

7 Auf der **Praça do Comércio** Leute beobachten > S. 62

8 Eine Ausstellung im **Centro Cultural de Belém** besuchen > S. 104

9 Der trendige **LxMarket** in der **Lx Factory** > S. 117

10 Sushi essen im **Confraria** > S. 129

ROUTE 1

CHIADO, BAIRRO ALTO & PRÍNCIPE REAL

INFOS ZUR ROUTE

Diese Route ist ein Fest für Shopaholics. Zwischen den Einkäufen kannst du in einem der Cafés etwas Leckeres bestellen, in einer Bar etwas trinken oder in einem der Restaurants mit Aussicht zu Abend essen. Auf der Route findest du einige schöne Sehenswürdigkeiten. Wenn du alles erkunden möchtest, kannst du den Spaziergang auf zwei Tage verteilen, vielleicht in Kombination mit einem Abschnitt der Route 3.

DIE VIERTEL

Chiado ist ein gepflegtes, schickeres Viertel, in dem man gut einkaufen kann. 1988 wütete ein riesiges Feuer in der Haupteinkaufsstraße Rua Garrett und zerstörte nicht weniger als achtzehn Ladenlokale. Chiado ist seitdem aus der Asche auferstanden und das Viertel, in dem sich die Portugiesen ein neues Outfit zulegen.

Das Viertel **Príncipe Real**, wörtlich „Königlicher Prinz", verdankt seinen Namen Dom Pedro V., dem Sohn von Königin Maria II. Das Viertel liegt ganz oben auf dem Hügel, in Verlängerung von **Bairro Alto**, und ist sehr grün. Hier liegen der **Jardim Botânico** und der stattliche **Jardim do Príncipe Real**. In der Mitte dieses Parks steht eine hundert Jahre alte Zeder, die an einen riesigen Regenschirm erinnert.

Im Príncipe Real gibt es viel Kultur zu entdecken, vor allem in Form von Concept Stores, aber auch Antiquitäten stehen hier hoch im Kurs. Außerdem ist es ein Hotspot für Luxusgeschäfte, versteckte Caféterrassen und gute Restaurants. Es ist ein beliebter Ort für das Nachtleben der Einheimischen, insbesondere der LGBTI+Community, denn es gibt viele Clubs und Geschäfte, die sich der Gayszene verschrieben haben.

BESCHREIBUNG ROUTE 1 (ca. 4,7 km)

Wirf einen Blick in den kleinsten Laden von Lissabon 1 und fahre anschließend mit dem Aufzug nach oben 2. Schaue dir die Ruínas do Convento do Carmo 3 an und biege dann am Ende der Travessa do Carmo links ab und dann wieder links zur ältesten Buchhandlung der Welt 4. Auf dem Rückweg setze die Route über die Rua Serpa Pinto fort und gönne dir ein veganes Mittagessen 5. Biege an der Rua Capelo links ab und besichtige Keramikobjekte bei Cerâmicas na Linha 6. Am Ende der Straße biege rechts ab und nochmals rechts und besuche das Museu do Chiado 7 direkt an der Rua Serpa Pinto. Laufe weiter über die Rua Victor Gordon und biege rechts ab für ein stilvolles Mittag- oder Abendessen 8. Kaufe weiter ein und trinke eine *bica* im Café a Brasileira 9 10 11. Für einen Snack oder ein Getränk mit Aussicht gehe ein Stück weiter 12. In der Rua da Misericórdia findest du witzige Herrenmode und Schmuckstücke portugiesischer Designer 13 14. Laufe nach oben und besuche rechts die Igreja de São Roque 15. Setze deinen Weg fort, bewundere die Aussicht auf das Stadtzentrum auf der rechten Seite 16 und reserviere einen Tisch auf der anderen Straßenseite im The Decadente 17 oder The Insólito 18. Ein Stück weiter, in der Rua Dom Pedro V, kannst du auf einer Terrasse mit Aussicht 19 etwas trinken. Gehe geradeaus, um nach Herzenslust zu shoppen, und weiter zu den Restaurants der Rua Dom Pedro V, Praça do Príncipe Real und Rua da Escola Politécnica, wo du natürlich auch etwas probieren kannst 20 21 22 23 24 25 26. Auf der rechten Seite gehe nun in den Jardim Botânico, um dich nach den vielen Eindrücken auszuruhen 27. Gehe ein Stück zurück, biege rechts ab in die Praça do Príncipe Real und spaziere durch den Park Príncipe Real. Biege rechts in die Rua do Século ab. Hier befinden sich zwei Lokale 28 29. Ein Stück weiter in der Straße liegt ein beeindruckendes Kloster 30. Biege links in die Calçada do Tijolo ein; du kommst in das Viertel Bairro Alto. Biege rechts in die Rua da Rosa ein, um trendige Hüte zu probieren 31. Biege dann links in die dritte Straße, die Travessa dos Fiéis de Deus, und laufe weiter bis zur Rua do Norte. Dort biege rechts ab. Am Ende gehe dann rechts in die Rua do Loreto für Fusionküche mit Fisch 32 und biege erneut rechts in die Rua da Atalaia zu einem traditionellen portugiesischen Abendessen 33 ab. Dann gehe zweimal links und einmal rechts und mache ein Foto vom Elevador da Bica 34. Biege wieder links in die Rua Marechal Saldanha ein und bestelle dir weiter unten auf einer der großen Aussichtsterrassen einen herrlichen Cocktail 35 36.

SEHENSWÜRDIGKEITEN

(3) Vom Rossio aus kannst du sie schon sehen: die anmutigen gotischen Bögen der **Ruínas do Convento do Carmo** im oberen Chiado-Viertel. Bei ihrer Fertigstellung 1392 war dies die größte Kirche, mit angrenzendem Kloster, der Stadt. Leider wurde das Gebäude beim Erdbeben von 1755 zerstört. Die gotischen Säulen erinnern noch immer an diese Katastrophe. Das Gebäude ist heute ein Museum.
Largo do Carmo, www.museuarqueologicodocarmo.pt, Mai–Sep. Mo–Sa 10.00–19.00, Okt.–April Mo–Sa 10.00–18.00 Uhr, Eintritt 5 €, Metro Az, Vd Baixa–Chiado, Elevador de Santa Justa

(7) **Museu do Chiado**, auch bekannt als Museu Nacional de Arte Contemporânea, wurde 1911 in einer ehemaligen Keksfabrik im historischen Stadtzentrum eröffnet. Anfang der 1990er-Jahre wurde das Gebäude vom französischen Architekten Wilmotte im großen Stil renoviert. Das Museum zeigt eine große Sammlung portugiesischer Kunst von 1850 bis heute sowie Wechselausstellungen.
Rua Serpa Pinto 4, www.museuartecontemporanea.pt, Di–So 10.00–18.00 Uhr, Eintritt 4,50 €, So frei, Metro Az, Vd Baixa–Chiado, Tram 28 Rua Vitor Cordon

(15) Die **Igreja de São Roque** ist das absolute Prunkstück unter den Kirchen in Lissabon. Ihr detailreicher Innenraum mit Wandmalereien und *azulejos* ist besonders schön. Die Seitenkapelle hinten links von São João Baptista wurde 1742 vom portugiesischen Hof in Rom in Auftrag gegeben und dann nach Portugal verschifft. Neben der Kirche befindet sich das São Roque Museum.
Largo Trindade Coelho, mais.scml.pt/museu-saoroque, Di–So 10.00–18.00 Uhr, Eintritt Kirche frei, Museum 2,50 €, So bis 14.00 Uhr frei, Metro Az, Vd Baixa–Chiado, Az Restauradores und weiter mit dem Elevador da Glória

(30) Im **Convento dos Cardaes** erzählt ein Führer die Geschichte des Klosters und der Kirche und zeigt die schönen Kunstwerke, darunter Kachelbilder des niederländischen Malers Jan van Oort. Das Kloster wird noch von Nonnen geführt, aber sie leben nicht mehr dort. Die derzeitigen Bewohnerinnen sind Frauen mit geistigen und visuellen Behinderungen. Der Erlös aus dem Shop geht direkt an sie.
Rua do Século 123, www.conventodoscardaes.com, Mo–Sa 14.30–17.30 Uhr, Eintritt 5 €, Metro Az, Vd Baixa–Chiado, Az Restauradores, weiter mit dem Elevador da Gloria

3

3

15

ESSEN & TRINKEN

⑤ Für Gemüse ist **The Green Affair** der richtige Ort. Von den „Fleischbällchen" (*Bolinhas de Alheira*) bis hin zum Schokoladenkuchen ist hier alles vegan. Samstags kannst du Sushi essen und sonntags gibt es ein umfangreiches Brunch-Angebot. Die Gerichte sind erschwinglich und abwechslungsreich. Auf der Rückseite des Restaurants liegt ein kleiner Innenhof mit Sitzgelegenheiten.

Rua Serpa Pinto 15a, Tel. +351 969398228, Insta @the_green_affair, tgl. 12.00–23.00 Uhr, 10 €, Metro Az, Vd Baixa-Chiado, Tram 28 Chiado

⑧ Der junge Spitzenkoch José Avillez bereitet im **Cantinho de Avillez** einfache Fisch- und Fleischgerichte mit einzigartiger Note zu. Reserviere frühzeitig einen Designertisch mit Eames-Stühlen und speise hier zu einem sehr günstigen Preis.

Rua Dos Duques de Bragança 7, Tel. +351 211992369, www.cantinhodoavillez.pt, tgl. 12.30–15.00 & 19.00–24.00 Uhr, 20 €, Metro Az, Vd Baixa-Chiado, Tram 28 Rua Serpa Pinto

(10) Vor der Tür von **A Brasileira** steht die Bronzestatue von Fernando Pessoa. Der Dichter war hier regelmäßig zu Gast. 1905 war A Brasiliera das erste Geschäft in Lissabon, das *bica* verkaufte. In den frühen 1920er-Jahren wurde der Laden in ein Café umgewandelt. Die Inneneinrichtung mit Spiegeln, Gemälden und dekorativen Stuckarbeiten ist reiner Jugendstil. Tipp: Trinke wie die Einheimischen deine *bica* drinnen an der Bar. Du zahlst dann viel weniger!
Rua Garrett 120, Tel. +351 213469541, www.abrasileira.pt, tgl. 8.00–24.00 Uhr, Bica 1,50 €, Metro Az, Vd Baixa–Chiado, Tram 28 Chiado

(12) Das **BAHR** auf der Dachterrasse des Hotels Bairro Alto ist einer der beliebtesten Orte für ein Club-Sandwich oder einen guten Cocktail. Die Getränke sind nicht billig, aber die Aussicht entschädigt für vieles! Der portugiesische Jetset zeigt sich hier gern. Aber die Hauptattraktion ist der Sonnenuntergang.
Praça Luís de Camões 2, Tel. +351 213408253, www.bahr.pt, tgl. 7.00–11.00 & 12.30–23.00 Uhr, 10 €, Metro Az, Vd Baixa–Chiado, Tram 28 Praça Luís Camões

(17) Im Restaurant **The Decadente** bis du auch willkommen, wenn du nicht im angeschlossenen Hostel übernachtest. Das Lokal ist bei den hippen Einheimischen wegen seines schönen, industriellen Interieurs sehr beliebt. Sie kümmern sich gern um dich während einer Nacht im Bairro Alto. Täglich zwischen 18.00 und 20.00 Uhr ist Happy Hour.
Rua de São Pedro de Alcântara 81, Tel. +351 213461381, thedecadente.pt, Mo–Fr 12.00–15.00 & 19.00–24.00, Sa–So 12.00–16.00 & 19.00–24.00, Bar Mo–Mi & So 18.00–24.00, Do 18.00–1.00, Fr–Sa 18.00–2.00 Uhr, 15 €, Metro Az, Vd Baixa–Chiado

(18) Im **The Insólito** ist alles ein bisschen anders als anderswo. Der Aufzug, der dich nach oben bringt, ist ein winziges Museumsstück und das Interieur steckt voller Überraschungen, von Porzellanpuppen bis hin zu einer Holzgiraffe. Die Preise für das Abendessen sind etwas hoch, aber du kannst auch nur einen Drink nehmen. Von der Terrasse hast du einen unglaublichen Blick über die Stadt.
Rua de São Pedro de Alcântara 83, Tel. +351 211303306, www.theinsolito.pt, Di–Sa Bar 17.30–1.00, Restaurant 19.00–23.00 Uhr, 22 €, Metro Az Baixa–Chiado

(19) Die Terrasse hinter dem Bekleidungsgeschäft **Lost In** ist der Ort, an dem sich das hippe Lissabon spätnachmittags nach der Arbeit trifft. Bestelle einen

Tee oder einen Wein und mache es dir auf den bequemen Sofas unter dem wachsamen Auge der Hindu-Götter an der Wand gemütlich. Zur Caféterrasse gelangt man durch den kleinen Tunnel rechts neben dem Bekleidungsladen.
Rua Dom Pedro V 56, Tel. +351 917759282, www.lostinesplanada.com, Mo–Mi 16.00–24.00, Do–So 12.30–24.00 Uhr, 14 €, Metro Am Rato

(21) **Pavilhão Chinês** ist ein außergewöhnliches Café, oder sollte man besser sagen: Museum? Denn in diesem spektakulären Interieur gibt es genug zu sehen. Die Wände und Decken hängen voll mit Zinnsoldaten, Puppen und Porzellanfiguren, aber auch Buddha- und Popeye-Statuen. Schaue dir alles in Ruhe an und nippe dabei an einem leckeren Cocktail.
Rua Dom Pedro V 89–91, Tel. +351 213424729, Fb @pavilhaochines, Mo–Sa 18.00–2.00, So 21.00–2.00 Uhr, Cocktail 9,50 €, Metro Am Rato

(22) Inspiration für die Geschmacksnoten, die du in **A Cevicheria** probieren kannst, fand Chefkoch Kiko auf einer Reise durch Südamerika: Hier werden Empanadas, Thunfisch-Ceviche, Quinoa und Algen serviert. Kombiniere dein Essen mit einem Pisco Sour, einem südamerikanischen Getränk, das perfekt zu diesen Aromen passt. Komme am besten vor 20.00 Uhr, wenn du einen Platz finden möchtest, denn Reservierungen sind nicht möglich.
Rua Dom Pedro V 129, Tel. +351 218038815, www.acevicheria.pt, tgl. 12.00–23.30 Uhr, 20 €, Metro Az, Vd Baixa–Chiado, Az Restauradores, weiter mit dem Elevador da Glória

(25) Bei **Bettina & Niccolò Corallo** kannst du köstliche fair gehandelte Schokolade kaufen und himmlischen Kaffee aus frisch gemahlenen Bohnen trinken. Auf der Plantage von Claudio Corallo bauen sie ihren eigenen Kaffee und Kakao an. Probiere unbedingt eine der speziellen Mischungen oder lasse dich vom vollen Kakaogeschmack der Schokolade verführen, die aus der ehemaligen portugiesischen Kolonie Sao Tomé und Principe stammt.
Rua da Escola Politecnia 4, Tel. +351 213862158, www.claudiocorallo.com, Mo–Sa 10.00–19.00 Uhr, Kaffee 2 €, Metro Am Rato

(26) Das hippe **Sumaya** ist ein perfektes Beispiel dafür, wie vielfältig die Esskultur in Lissabon in den letzten Jahren geworden ist. Hier kannst du libanesisch essen. Bestelle zum Beispiel köstliche Mezze. Das sind kleine Snacks, die man sich

32

5

19
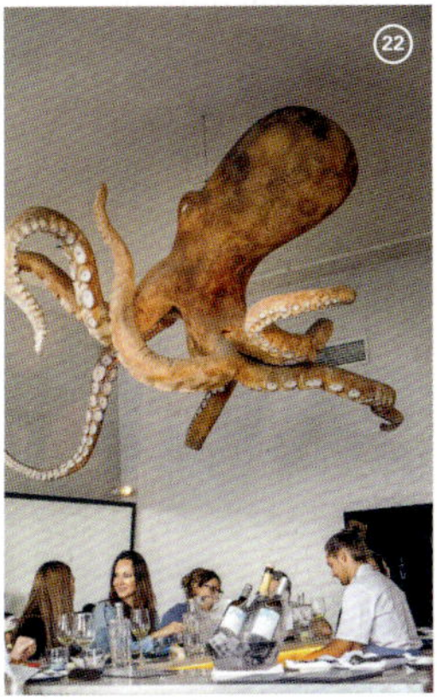
22

33

26
SUMAYA

* A lazy afternoon

teilt. Traditionell isst man zuerst die kalten und dann die warmen Mezze, gefolgt vom Hauptgericht. Das Personal hilft dir gern bei der Auswahl der Gerichte.

Rua da Escola Politécnica 40, Tel. +351 213470351, Fb @sumayarestaurante, Mo–Do & So 12.00–16.00 & 19.00–23.00, Fr–Sa 12.00–16.00 & 19.00–24.00 Uhr, 15 €, Tram 24 Rua Politécnica

(28) Lust auf traditionelles portugiesisches Essen? Dann entscheide dich für das Restaurant **Tascardoso**. Das kleine, schlichte Lokal hat nur acht Tische. Bestelle ein leckeres Steak oder perfekt gegrillten Fisch. Der Service ist gut und schnell, sodass du hier nie lange auf dein Gericht warten musst.

Rua do Século 242, Tel. +351 213427578, Mo–Sa 12.00–15.30 & 19.00–23.30 Uhr, 12 €, Metro Az, Vd Baixa–Chiado, Az Restauradores, weiter mit Elevador da Glória

(29) **Mercearia do Século** ist ein kleines, romantisches Restaurant, das portugiesische Gerichte zum günstigen Preis serviert. „Ohne Liebe kein Geschmack", sagt man hier. Und diese Liebe schmeckst du! Das Lokal ist bei den Einheimischen sehr beliebt. Wenn du keine Zeit hast, um dich zu setzen, nehme ein paar Leckereien aus dem kleinen Ladenbereich mit.

Rua do Século 145, Tel. +351 216062070, insta @merceariadoseculo, Di–Sa 19.00–23.30 Uhr, 20 €, Metro Az, Vd Baixa–Chiado, Am Rato

(32) Mit *Peixaria Moderna*, so der Untertitel von **Sea Me**, ist ein „moderner Fischladen" oder „moderner Fischmarkt" gemeint. Dieses Restaurant ist also ein Muss für Fischliebhaber! Sea Me liegt zwischen Bairro Alto und Chiado. Es ist der ideale Ort, um gemütlich zu essen, bevor man sich ins Nachtleben stürzt.

Rua do Loreto 21, Tel. +351 213461564, www.peixariamoderna.com, Mo–Do 12.30–15.30 & 19.00–24.00, Fr 12.30–15.30 & 19.00–1.00, Sa & So 12.30–1.00 Uhr, 18 €, Metro Az, Vd Baixa–Chiado, Tram 28 Praça Luís de Camões

(33) Wenn du in einer portugiesischen *tasca*, einem einfachen kleinen Restaurant, etwas essen möchtest, dann ist das **Antigo 1 de Maio** die richtige Adresse. Portugiesen essen hier gerne einfache Gerichte, die auf altmodische Weise zubereitet werden. Hier interessiert sich keiner für die Nouvelle Cuisine!

Rua da Atalaia 8, Tel. +351 213426840, Mo–Fr 12.00–15.00 & 19.00–22.30, Sa 19.00–23.00 Uhr,12 €, Tram 28 Haltestelle Calhariz (Bica)

(35) Das Restaurant **Pharmacia** befindet sich in der Nähe des Aussichtspunkts Santa Catarina und neben dem Apothekenmuseum. Die Dekoration des Pharmacia ist von Apotheken vergangener Zeiten inspiriert und bis ins kleinste Detail umgesetzt. Alte Messbecher dienen bespielsweise als Weinkühler. Bestelle ein Snack-Menü oder wähle verschiedene Gerichte, um sie zu teilen.
Rua Marechal Saldanha 1, Tel. +351 213462146, Fb @restaurantepharmacia, tgl. 13.00–1.00 Uhr, 18 €, Tram 28 Calhariz (Bica)

(36) Lange Zeit war die Terrasse des **Noobai** der Ort, an dem das hippe und alternative Lissabon sich am Nachmittag auf ein Glas Fruchtsaft traf. Trotz Konkurrenz sorgen die abwechslungsreiche Speisekarte und der atemberaubende Blick auf den Tejo dafür, dass das Café nach wie vor beliebt ist. Hier genießt man Cocktails und Sandwiches oder Snacks, wie etwa portugiesische Käsesorten.
Miradouro de Santa Catarina, Tel. +351 213465014, www.noobaicafe.com, tgl. 10.00–24.00 Uhr, Tagesgericht 9 €, Cocktail 7,50 €, Metro Az Baixa–Chiado, Tram 28 Calhariz (Bica)

SHOPPEN

(1) Die neoklassizistische Fassade und das Innere von **Luvaria Ulisses** sind noch genau so wie 1925, als der kleine Laden öffnete. In dieser winzigen Handschuhboutique werden vier Quadratmeter Verkaufsfläche optimal genutzt. Hier findest du die schönsten Handschuhe in vielen Farben, Modellen und Größen. Der persönliche Service beim Anprobieren ist ein Erlebnis für sich.
Rua do Carmo 87A, www.luvariaulisses.com, Mo–Sa 10.00–19.00 Uhr, Metro Az, Vd Baixa–Chiado

(4) **Bertrand** ist die älteste Buchhandlung der Welt, wie das *Guinness Book of World Records* bestätigt. Das Geschäft wurde 1732 von dem französischen Buchhändler Pedro Faure gegründet. Später schlossen sich ihm die Brüder Bertrand an, denen das Geschäft seinen heutigen Namen verdankt. Neben Bestsellern findest du hier nationale und internationale Zeitungen und Zeitschriften.
Rua Garrett 73–75, www.bertrand.pt, tgl. 9.00–22.00 Uhr, Metro Az, Vd Baixa–Chiado, Tram 28 Chiado

⑥ Das Besondere an **Cerâmicas na Linha** ist nicht, dass hier Keramik verkauft wird, sondern, dass man nach Gewicht bezahlt. Jede Tasse ist handgefertigt, sodass keine zwei Tassen gleich sind. Du findest hier unter anderem Geschirr von Bordallo Pinheiro. Für diesen portugiesischen Designer war die Natur eine große Inspirationsquelle. Sein berühmtestes Werk ist das grüne Geschirr, bei dem die Blätter des portugiesischen Kohls die Grundlage bilden.

Rua Capelo 16, Insta @ceramicas.na.linha, Mo–Sa 10.00–20.00, So 10.00–19.00 Uhr, Metro Az, Vd Baixa–Chiado, Tram 28 Chiado

⑨ **Skinlife** ist eine stilvolle Beauty-Boutique im Herzen von Chiado. Sie verkauft exklusive Kosmetika, darunter Parfums und feine Cremes. Hinter jedem Produkt steht eine besondere Geschichte, also zögere nicht, dich bei der Auswahl eines einzigartigen Geschenks beraten zu lassen. Suchst du etwas für die Familie zu Hause oder für dich? *Feeling fancy?* Dann buche eine Schönheitsbehandlung oder Massage über die Website.

Rua Paiva de Andrade 4, www.skinlife.pt, Mo–Fr 10.30–19.30, Sa 10.00–19.00 Uhr, Metro Az, Vd Baixa–Chiado, Tram 28 Rua Vitor Cordon / Rua Serpa Pinto

24

31

4

11

(11) **Vista Alegre** ist ein bekannter Name, wenn es um portugiesisches Porzellan geht. Die Fabrik ist in Portugal das, was man in den Niederlanden einen „Hoflieferanten" nennen würde. Das Geschäft bietet eine umfangreiche Kollektion feinsten Porzellans, dekoriert in verschiedenen Stilen. Von Schalen über Teller und Tassen bis hin zu besonderen Sammlerstücken.

Largo do Chiado 20–23, www.vistaalegre.pt, Mo–Sa 10.00-20.00 Uhr, Metro Az, Vd Baixa–Chiado, Tram 28 Chiado

(13) **UP! town Lisboa** ist eines der wenigen Bekleidungsgeschäfte in Lissabon, das sich ausschließlich an Männer richtet. Der niederländische Eigentümer verkauft – als Einziger in der Stadt – die urniederländische Marke Scotch & Soda und etwa zehn weitere exklusive Marken. Das Motto des Ladens lautet daher: *„Be different, be unique, be yourself!"*

Rua da Misericórdia 68, uptownlisboa.pt, Sa–So 12.00-17.00 Uhr, Metro Az, Vd Baixa–Chiado

(14) **Traces of Me** ist der Beweis dafür, dass Portugal in Sachen Kleidungs- und Accessoire-Labels eine Menge zu bieten hat. In diesem schönen Laden hängt die Arbeit von Catarina Martins. Sie entwirft zeitlose Damenkleidung aus natürlichen Materialien, die mit Prints, Texturen und Stickereien verziert sind. Die verkauften Heimdekorationen gehören zur TM Collection.

Rua da Misericórdia 102, tracesofmetm.com, Mo–Sa 10.30–14.00 & 15.00–19.30 Uhr, Metro Az, Vd Baixa–Chiado

(20) Was für eine wunderbare Auswahl findest du in dieser Boutique! **Amazingstore** ist ein Muss, wenn du schön gestaltete Gebrauchsgegenstände liebst. Es handelt sich um ein 2012 gegründetes Familienunternehmen, bei dem Nachhaltigkeit Priorität hat. Fast jeder Artikel in diesem Geschäft erfüllt die zwei wichtigsten Kriterien: die Verwendung natürlicher Materialien und eine innovative Ausführung.

Rua Dom Pedro V 77, www.amazingstore-pt.com, tgl. 11.00–20.00 Uhr, Metro Am Rato

(24) Das Viertel Príncipe Real wird heute mit hipp, kreativ und innovativ in Verbindung gebracht. Es kann also kein Zufall sein, dass hier, in einem wunderschönen

Gebäude aus dem 19. Jahrhundert, der neoarabische Palast **Embaixada** eröffnete. Hier findest du angesagte Design-, Schmuck- und Kosmetikgeschäfte, ein Restaurant und sogar einen schönen Garten.

Praça do Príncipe Real 26, www.embaixadalx.pt, Mo–Sa 12.00–20.00, So 12.00–19.00 Uhr, Metro Am Rato

(31) Der Hut ist zurück, und in der **A Fábrica dos Chapéus** ist man darüber sehr glücklich! Wähle zwischen vintage-inspirierten Fedorahüten, festlichen *fascinators* und Wollmützen. Männer haben die Wahl zwischen trendigen Caps, praktischen *bucket hats* und lustigen Skipperkappen.

Rua da Rosa 118, www.afabricadoschapeus.com, Mo–Sa 11.00–20.00 Uhr, Tram 28 Calhariz (Bica)

FREIZEITTIPPS

(2) Mit seiner gusseisernen Konstruktion erinnert der **Elevador de Santa Justa** ein wenig an den Eiffelturm. Das ist nicht verwunderlich, denn dieser Aufzug wurde 1902 von Raul Mesnier de Ponsard entworfen, einem Lehrling von Gustave Eiffel. Der Elevador de Santa Justa ist bei weitem der eleganteste der vier Aufzüge in Lissabon. Er verbindet den Stadtteil Baixa mit dem 32 Meter höher gelegenen mondänen Viertel Chiado. Wenn man oben aussteigt, führt eine Treppe zu einer Aussichtsterrasse mit Blick auf das Stadtzentrum.

Ausstieg Baixa: Rua do Ouro, Ausstieg Chiado: Largo do Carmo, www.carris.pt, 7.00–22.45 Uhr, Hin- und Rückfahrt 5,30 €, Metro Az, Vd Baixa–Chiado, Vd Rossio

(16) Der **Miradouro de São Pedro de Alcântara** ist einer der schönsten Aussichtspunkte Lissabons. Von hier aus siehst du einen Querschnitt der Stadt: von den einst modernen, aber inzwischen veralteten Hochhäusern im Norden bis über den Tejo und alles, was dazwischen liegt. Freitags und samstags treffen sich hier die Einheimischen, um das Nachtleben einzuläuten. Tagsüber kannst du dich hier unter den Bäumen und am Springbrunnen abkühlen.

Rua de São Pedro de Alcântara, tgl., Eintritt frei, Metro Az, Vd Baixa–Chiado, Az Restauradores, weiter mit Elevador da Glória

16

2

Go & explore

(23) Der **Jardim do Príncipe Real** ist eine kleine grüne Oase inmitten des Verkehrs, der sich durch das gleichnamige Viertel zieht. Umgeben von farbenprächtigen alten Herrenhäusern ist er ein beliebter Ort, an dem die *Lisboetas* bei schönem Wetter gern eine Pause machen. Die vielen Bäume des Parks spenden den dringend benötigten Schatten, darunter ist auch eine hundertjährige Zeder, die an einen riesigen Regenschirm erinnert. An den Wochenenden finden hier regelmäßig Kreativ- und Biomärkte statt.

Praça do Príncipe Real, tgl., Metro Am Rato

(27) Einer der exotischsten botanischen Gärten Europas ist der **Jardim Botânico**. Mehr als zweitausend Pflanzenarten aus aller Welt wachsen hier. Es gibt so ziemlich alles zu bewundern, was blüht, von Nadelbäumen und Palmen bis hin zu subtropischen Pflanzen und exotischen Kakteen. Der Garten ist Teil des Museu Nacional de História Natural e da Ciência.

Rua da Escola Politécnica 56–58, www.museus.ulisboa.pt, tgl. April–Sep. 10.00–20.00, Okt.–März 10.00–17.00 Uhr, Eintritt Garten 3 €, Garten + Museum 6 €, Metro Am Rato

(34) Seit 1892 verbindet der **Elevador da Bica** den tiefer gelegenen Stadtteil Cais do Sodré mit dem oberen Bairro Alto. Ursprünglich nutzte man Dampfkraft, um die Aufzüge nach oben und unten zu bringen. 1914 wurde das System modernisiert und auf Elektrizität umgestellt. Mit dem blauen Tejo und den Hügeln von Almada im Hintergrund ist dies der fotogenste Tram-Aufzug in Lissabon.

Largo do Calhariz, www.carris.pt, Mo–Sa 7.00–21.00, So 9.00–21.00 Uhr, Hin- und Rückfahrt 3,80 €, Haltestellen Calçada da Bica Pequena & Largo da Calhariz

ROUTE 2

PARQUE EDUARDO VII, AVENIDA DA LIBERDADE & MOURARIA

INFOS ZUR ROUTE

Als Kunst- und Kulturliebhaber kommst du auf diesem Spaziergang voll auf deine Kosten. Du flanierst entlang breiter Alleen mit stattlichen Häusern, aber auch durch Gassen, durch die kein Auto fahren kann. Ohne den Besuch der Museen lässt sich die Route in einem halben Tag schaffen; ansonsten solltest du dir auf jeden Fall einen Tag Zeit nehmen. Du kannst diesen Spaziergang auch mit der Route von Viertel 1 oder 3 kombinieren.

DIE VIERTEL

Wenn es nach den ursprünglichen Plänen gegangen wäre, hätte es den **Parque Eduardo VII** nie gegeben. Stattdessen war hier die Verlängerung der breiten **Avenida da Liberdade** geplant. Das Schicksal entschied anders, und heute steht den *Lisboetas* ein sanft ansteigender Grünstreifen zur Verfügung. Im Sommer finden hier alle möglichen Veranstaltungen statt, wie zum Beispiel die jährliche Buchmesse. Am Fuß des Parks wacht der Marquês de Pombal über die Unterstadt.

Der **Praça Marquês de Pombal** ist nach dem Berater des Königs benannt, der für diesen Stadtteil verantwortlich war. Es ist leicht zu erkennen, dass der Wiederaufbau nach dem Erdbeben von 1755 zu einer Zeit stattfand, als Portugal, auch dank seiner Kolonien wie Brasilien, sehr reich war: Der Baustil strahlt Größe und Reichtum aus. Die Viertel, die den Park umgeben, wurden während der Diktatur erbaut, was sich in den schlichteren, von der Antike inspirierten Gebäuden zeigt. Die Avenida da Liberdade mit ihren Hotels, Luxusgeschäften und schicken Restaurants ist die Champs-Élysées von Lissabon.

Über den **Elevador do Lavra** und den **Jardim do Torel** gelangst du auf die andere Seite des Hügels, ins multikulturelle Viertel **Mouraria.** Dies war der Stadt-

BESCHREIBUNG ROUTE 2 (ca. 9 km)

Starte mit einem Brunch im Choupana Caffe 1 in der Nähe der Metrostation Saldanha. Gehe die erste Straße links, die Avenida Miguel Bombarda, und besuche das Museu Calouste Gulbenkian und den Garten 2 3. Verlasse den Park, überquere die Avenida António Augusto de Aguiar und ein Stück weiter die Avenida Sidónio Pais und gehe den Hügel hinauf, um etwas Leckeres zu essen 4. Spaziere am Teich entlang nach unten und biege rechts in die Alameda Cardeal Cerejeira zu einem tropischen Gewächshaus 5 ein. Gehe zurück und dann durch den Park 6 bis zur Statue des Marquês de Pombal 7. Laufe um den Kreisverkehr zur Avenida da Liberdade. Nach der Loja das Meias auf der linken Seite 8 überquere die Avenida, gehe in die Rua Rosa Araújo und dann in die Rua Barata Salgueiro. Hier gibt es zwei kulturelle Highlights 9 10. Gehe weiter in Richtung Avenida und biege rechts ab. Jetzt geradeaus bis zum Elevador da Glória 11. Gehe über die Praça dos Restauradores 12 zum Largo da Anunciada für einen guten Kaffee 13 und den ältesten Tramlift 14. Oben angekommen, biege links in den Park ein, wo sich auch ein Lunchcafé befindet 15 16. Verlasse den Park durch dasselbe Tor und biege links in den Campo dos Mártires da Pátria 17 ein. Wenn du vegetarisch essen möchtest, gehe auf die Hauptstraße, die den Park durchquert, und biege links ab zum PSI 18. Gehe durch den Park zurück, dann rechts zum Campo Mártires da Pátria und links um das Krankenhaus herum über die Rua Manuel Bento de Sousa. An der V-Kreuzung links und dann rechts in die Rua Nova do Desterro. Laufe bis zur Avenida Almirante Reis, wo auf der linken Seite ein tolles Fischrestaurant liegt 19. Gehe hinüber zum Largo do Intendente mit seinen schönen Terrassen und Geschäften 20 21 22. Jetzt über die Rua do Benformoso, biege rechts in die Travessa do Benformoso und dann links in die Rua da Palma ein und gehe bis zur Praça Martim Moniz 23. Gehe hinter der Kapelle und an der Statue der Fado-Gitarre vorbei in das Viertel Mouraria, wo mehrere Lokale 24 25 zur Auswahl stehen. The Food Temple 26 befindet sich schräg hinter A Parreirinha, in der Gasse Beco do Jasmim. Gehe durch die Gasse und hoch zur Rua Marquês Ponte de Lima. Biege an der schmalen Treppe rechts ab zur Escadinhas da Rua das Farinhas für weitere Lokale 27 28 29. Laufe die Beco das Farinhas entlang und biege am Ende rechts ab in den Largo de São Cristóvão für eine Empanada, ein Eis oder ein Souvenir 30 31 32. Besichtige die Igreja de São Cristóvão 33. Zum Abschluss besuche das Parkhaus mit Graffiti-Kunst und schöner Aussicht vom Dach 34.

SEHENSWÜRDIGKEITEN

(1) Calouste Gulbenkian, ein armenischer Ölmagnat und Kunstsammler, vermachte nach seinem Tod 1955 einen Teil seiner umfangreichen Kunstsammlung an Portugal. Das **Museu Calouste Gulbenkian** stellt heute eine beeindruckende Reihe von Gemälden, Skulpturen, Keramiken, Schmuck, Teppiche und Kunsthandwerk aus. Auf demselben Gelände, aber in einem anderen Gebäude, ist die größte Sammlung moderner portugiesischer Kunst zu sehen.
Avenida de Berna 45a, gulbenkian.pt, Mo & Mi–So 10.00–18.00 Uhr, Eintritt 10 €, So nach 14.00 Uhr Eintritt frei, Metro Az, Vm São Sebastião, Az Praça de Espanha

(7) Der belebte Verkehrsplatz **Praça Marquês de Pombal** ist benannt nach Sebastião José de Carvalho e Melo, besser bekannt als der Marquis von Pombal. Ihm wird hier mit einer Statue für seine Verdienste als Premierminister nach dem großen Erdbeben von 1755 gedacht. Der Platz überblickt das von ihm wiederaufgebaute Stadtzentrum. Dieser Teil der Stadt wird auch „Baixa Pombalina" genannt.
Praça Marquês de Pombal, Metro Am, Az Marquês de Pombal

(9) Das **Casa-Museu Medeiros e Almeida** ist in einem beeindruckenden Jugendstilgebäude untergebracht. Die Einrichtung der Privaträume vermittelt einen guten Eindruck davon, wie die reiche Bourgeoisie von Lissabon einst lebte. Das Museum hat eine umfangreiche Sammlung von Kunst und Antiquitäten des 17. bis 20. Jahrhunderts.
Rua Rosa Araújo 41, www.casa-museumedeirosealmeida.pt, Mo–Sa 10.00–17.00 Uhr, Eintritt 5 €, Metro Az Avenida, Am, Az Marquês de Pombal

(12) Die stattliche Avenida da Liberdade erstreckt sich zwischen Praça do Marquês de Pombal und **Praça dos Restauradores**. Auf diesem belebten Platz steht ein Obelisk, der an den portugiesischen Restaurationskrieg erinnert. Dieser Konflikt zwischen Spaniern und Portugiesen dauerte von 1640 bis 1668. Der Platz grenzt an den Palácio Foz, einen Palast aus dem 18. Jahrhundert, in dem heute eine Touristeninformation untergebracht ist.
Praça dos Restauradores, Metro Az Restauradores

7

⑰ Umgangssprachlich wird der Park **Campo dos Mártires da Pátria** auch Campo Santana genannt. Auf den ersten Blick sieht er aus wie ein durchschnittlicher Stadtpark, aber viele Portugiesen kommen aus einem besonderen Grund hierher: um Sousa Martins die Ehre zu erweisen. Der Arzt setzte sich im späten 19. Jahrhundert selbstlos für Tuberkulosepatienten ein. Er wird als Heiliger verehrt und auf dem kleinen Altar neben der Statue brennen immer ein paar Kerzen.

Campo dos Mártires da Pátria, tgl., Eintritt frei, Bus 723, 730, 19b, 767 Campo dos Mártires da Pátria

㉓ Der Platz **Praça Martim Moniz** verdankt seinen Namen dem heldenhaften Krieger Martim Moniz, der im 12. Jahrhundert gegen die maurischen Besatzer kämpfte. Beim Angriff auf das Castelo de São Jorge warf er sich zwischen Mauer und Zugbrücke. Er verlor dabei sein Leben, aber durch diese Heldentat konnten die Portugiesen die Mauren besiegen und die Macht zurückerobern. Die Brunnenreihe in der Mitte des Platzes symbolisiert die alte Stadtmauer, die hier einst stand. Hier befindet sich auch die Haltestelle der Tramlinie 28.

Praça Martim Moniz, Metro Vd Martim Moniz, Tram 12, 28 Martim Moniz

(33) Die **Igreja de São Cristóvão** wurde im 13. Jahrhundert erbaut. Erstaunlicherweise überstand das Gebäude das Erdbeben von 1755. Im Inneren finden sich Gemälde von Bento Coelho da Silveira, einem führenden portugiesischen Künstler des 17. Jahrhunderts. Die Kirche ist dringend renovierungsbedürftig, da das Dach undicht ist. Sie ist sogar vom World Monuments Fund als „gefährdetes Denkmal" eingestuft.

Largo de São Cristóvão, für Gottesdienste geöffnet Di–Sa 17.00, So 11.00 Uhr, Eintritt frei, Metro Vd Martim Moniz, Tram 12, 28 Martim Moniz

ESSEN & TRINKEN

(1) Wenn du gerne brunchst, ist das angesagte **Choupana Caffe** die richtige Adresse. Zu den Spezialitäten gehören Cappuccino, Pfannkuchen und Croissants, aber es gibt auch gesunde Bio-Joghurt-Bowls und frische Säfte.

Avenida da República 25a, Tel. +351 1912243170, Fb @choupanacaffe, Mo–Fr 7.30–19.00, Sa–So 8.00-19.00 Uhr, 7 €, Metro Am, Vm Saldanha

(4) Das Café **Linha d'Água** liegt an einem runden Teich im Jardin Amália Rodrigues. Auf der Terrasse sitzt man windgeschützt. Dieser Ort ist sehr beliebt bei Studenten der umliegenden Universitäten, die sich hier zum Mittagessen treffen oder auf dem Rasen am Hügel entspannen.

Rua Marquês de Fronteira / Jardim Amália Rodrigues, Tel. +351 213814327, www.linhadeagua.pt, tgl. 9.00–21.00 Uhr, Mittagessen 6 €, Metro Az, Vm São Sebastião

(13) Kein Kaffee ist wie der andere, und das weiß man bei **Fábrica Coffee Roasters**. Die Kaffeebohnen werden mit Sorgfalt bei lokalen Bauern unter anderem in Brasilien, Kenia und Guatemala gekauft. Anschließend werden sie, je nach Art der Bohne, hell oder dunkel geröstet. Du kannst nicht nur Kaffee trinken und eine Kleinigkeit essen, sondern hier deine Lieblingsbohnen kaufen, um auch zu Hause noch die besonderen Aromen zu genießen.

Rua das Portas de Santo Antão 136, Tel. +351 211399261, www.fabricacoffee roasters.com, tgl. 9.00–17.00 Uhr, Espresso 1,50 €, Metro Az Restauradores

(16) Das **BANANACAFE** findest du an mehreren Orten in Lissabon. Aber seine Lage in der Nähe des Jardim do Torel ist etwas ganz Besonderes. Nicht nur wegen der Aussicht, sondern auch, weil es hier so schön ruhig ist. Das Café liegt etwas versteckt auf einer tiefer gelegenen Aussichtsterrasse. Im August verwandelt sich der nahe Teich in einen *urban beach*.

Jardim do Torel, Tel. +351 213026160, Fb @bananacafelx, tgl. 11.00–19.00 Uhr, Mittagessen 5 €, Elevador do Lavra

(18) An der belebten Hauptstraße liegt das farbenfrohe vegetarische Restaurant **PSI** versteckt im Grünen. Der Küchenchef ist Absolvent der renommierten Universität Le Cordon Bleu in Lima, Peru. Es gibt viele vegane Angebote auf der Speisekarte, und auch andere Ernährungsbedürfnisse werden auf Anfrage berücksichtigt. 2001 besuchte der Dalai Lama dieses Restaurant auf Einladung des Besitzers.

Alameda Santo António Capuchos, Tel. +351 213590573, www.restaurante-psi.com, tgl. 12.30–15.30 & 19.30–22.30 Uhr, 10 €, Bus 723, 730 Hospital dos Capuchins

(19) Ein Mittag- oder Abendessen in der **Cervejaria Ramiro** ist ein Erlebnis für sich. Das Restaurant ist so beliebt, dass sich davor oft eine Schlange von Menschen bildet, die auf einen Platz warten. Aber das Warten lohnt sich. Drinnen erwarten dich eine lebhafte Atmosphäre, flinke Kellner und der Duft von Knoblauch. Die Spezialitäten sind Fisch, Meeresfrüchte und vor allem Garnelen in Knoblauch. Danach ein Limettensorbet und ein Steak-Sandwich. Beende das Essen mit frischem Obst oder Schokoladenkuchen. Wenn möglich, in dieser Reihenfolge. Reservierungen sind nicht möglich.

Avenida Almirante Reis 1, Tel. +351 218851024, www.cervejariaramiro.pt, Di–So 12.00–24.00 Uhr, 20 €, Metro Vd Intendente, Tram 28 Rua da Palma

(22) Ein Favorit der Portugiesen. Die **Josephine Bistrô-**Bar ist typischerweise ein Ort, an dem sich Einheimische verabreden, um am Ende des Tages einen Happen zu essen oder etwas zu trinken. Die Casa Independente nebenan ist empfehlenswert zum Tanzen oder für Live-Musik.

Largo do Intendente Pina Manique 59, Tel. +351 218208044, www.josephinebistro.pt, Di–Do & So 16.00–24.00, Fr–Sa 18.00–24.00 Uhr, 11 €, Metro Vd Intedente, Tram 28 Rua Palma

Late night dinner

28

28

13
FÁBRICA

30
EMPANADAS·SWEETS·SMOOTHIES·COCK
CORN
TUNA
VEAL
BANANA
MANGO
WATERMELON
LEMON
STRAWBERRY
ORANGE

31
GELATO DAVVERO

30

㉔ Erlebe die Mystik des Fado im **Maria da Mouraria**. Dieses Fado-Restaurant wird vom Fado-Museum betrieben und befindet sich im ehemaligen Haus von Maria Severa. Diese Frau spielte gefühlvoll die Gitarre und ihre Stimme ließ keinen Passanten unberührt. Du kannst Fado von Dienstag bis Sonntag ab 21.00 Uhr hören. Bestelle dir hier ein Vier-Gänge-Menü, bei dem du aus allerlei portugiesischen Spezialitäten wählen kannst. Eine Reservierung wird empfohlen.
Largo da Severa 2/2b, Tel. +351 934450130, mariadamouraria.eatbu.com, Di–So 20.00–2.00 Uhr, Vier-Gänge-Menü inkl. Getränke 50 €, Metro Vd Martim Moniz, Tram 12, 28 Martim Moniz

㉕ Essen im **A Parreirinha** garantiert ein typisch portugiesisches Erlebnis. Erwarte keinen perfekten englischsprachigen Service und keine komplizierten Gerichte. Was dann? Gutes, einfaches portugiesisches Essen, das vor deinen Augen auf dem Grill zubereitet wird, und viele Einheimische, die nicht nur zum Essen, sondern auch zum Plaudern kommen. Es ist ein bisschen wie ein Nachbarschaftscafé.
Rua da Guia 4a/b, Tel. +351 926200415, Mo–Sa 8.30–23.30 Uhr, 10 €, Metro Vd Martim Moniz, Tram 12, 28 Martim Moniz

㉖ In einem kleinen Innenhof, dessen Grundriss sich seit dem Mittelalter nicht verändert hat, liegt das vegane Restaurant **The Food Temple**. An warmen Sommerabenden verwandelt sich die große Treppe vor dem Eingang in eine Außenterrasse. Drinnen ist es klein, die Atmosphäre ist freundlich und persönlich. Wohlgemerkt, es wird nur Abendessen serviert.
Beco do Jasmim 18, Tel. +351 218874397, thefoodtemple.com, Di–So 18.30–23.30 Uhr, 10 €, Metro Vd Martim Moniz, Tram 12, 28 Martim Moniz

㉗ **Cantinho do Aziz** ist seit über 30 Jahren ein Begriff in Lissabon. Wenn du scharfes afrikanisches Essen magst oder mal etwas anderes ausprobieren willst, bist du hier richtig. Das Restaurant wurde von einer mosambikanischen Familie gegründet. Sie lebte früher in den Räumlichkeiten und führt das Geschäft immer noch. Die *chamussas* (würzige Blätterteig-Häppchen) sind ein Muss, und die hausgemachte Piripiri-Sauce ist ebenfalls eine Spezialität. Vor allem im Sommer empfiehlt sich eine Reservierung.
Rua de São Lourenço 3–5, Tel. +351 218876472, cantinhodoaziz.com, tgl. 12.00–23.00 Uhr, 10 €, Metro Vd Martim Moniz, Tram 12, 28 Martim Moniz

(28) Das Restaurant **O Corvo** liegt im Herzen von Mouraria. Drinnen erwartet dich ein bunter Mix aus unterschiedlichen Tischen und Stühlen, während man sich draußen auf der Terrasse wie auf einem Dorfplatz fühlt. Das große Bild an der Wand zeigt, wie ärmlich der Platz früher aussah. Welch ein Unterschied zu heute! Die Spezialität des O Corvo ist die hausgemachte Focaccia. Oder bestelle ein Stück Kuchen; Erfolg garantiert.

Largo dos Trigueiros 15a–15b, Tel. +351 218860545, Fb @ocorvocafe, Mi–Di & Fr–So 9.30–23.30, Do 11.30–23.00 Uhr, 8 €, Metro Vd Martim Moniz, Tram 12, 28 Martim Moniz

(29) Im **O Trigueirinho** wird *comida caseira* serviert. Das bedeutet „Essen, wie man es zu Hause zubereitet". Die beiden redseligen portugiesischen Damen, von denen eine hier das Zepter schwingt und die andere in der Küche hantiert, vervollständigen das Bild. Ob Thunfischsteak oder Kalbskoteletts vom Grill: Hier bekommst du echte portugiesische Küche zu einem sehr guten Preis.

Largo Trigueiros 17, Tel. +351 218881219, Fb @otrigueirinho, Mo–Fr 12.30–15.30 & 20.00–22.30, Sa 12.00–15.30 Uhr, 8 €, Metro Vd Martim Moniz, Tram 12, 28 Martim Moniz

(30) Mitten im Herzen des alten Arbeiterviertels Mouraria liegt **Union Empanadas**. Empanadas kommen ursprünglich aus der argentinischen Küche, sind aber Teil des portugiesischen Lebens geworden. Sie werden als Snack gegessen. Diese Art Pasteten gibt es mit verschiedenen Füllungen wie Huhn, Käse, Spinat, Zwiebeln und Hackfleisch. Zu den Teigtaschen kannst du einen köstlichen Vinho verde („grüner Wein") oder einen Cocktail genießen.

Rua São Cristóvão 27, Tel. +351 918979014, unionportugal.com, Mo–Do & So 9.00–21.00, Fr–So 9.00–24.00 Uhr, Empanada 5 €, Tram 28 Martim Moniz

(31) Liebst du Eis? Dann solltest du unbedingt bei **Gelato Davvero** vorbeischauen. Neben den üblichen Eissorten bekommst du hier auch weniger bekannte Sorten wie Avocado, gesalzenes Karamell, Karotte oder Cheesecake mit Limette. Du findest die Eisdiele an mehreren Orten in Lissabon, unter anderem im Time Out Market.

Rua de São Cristóvão 14, Telefon +351 216053054, Fb @gelatodavvero.mouraria, Di–So 12.00–20.00 Uhr, Eis 3,50 €, Tram 28 Martim Moniz

30

29
HANDMADE EMPANADAS
UNION
FRESH BAKED
EMPANADAS
UNION
EMPANADAS

21

21

SHOPPEN

⑧ Das schicke **Loja das Meias** passt perfekt in eine Straße wie die Avenida da Liberdade. Hier kaufen die Reichen gern ein. Du findest Marken wie Marc Jacobs, Dior und Celine. Loja da Meias hat eine Geschichte. Der Laden besteht seit 1905 und hat somit die Zeit gut überstanden. 1939 wurde das Geschäft unter anderem von Baron Rothschild und vom britischen König Edward VIII. besucht.
Avenida da Liberdade 254, www.lojadasmeias.pt, Mo–Sa 10.30–19.00 Uhr, Metro Az, Am Marquês de Pombal

㉑ Von den drei Orten in der Stadt, an denen du **A Vida Portuguesa** findest, ist dies der größte und schönste. Das Gebäude war früher Teil der alten Kachelfabrik Viúva Lamego und ist heute randvoll mit authentischen portugiesischen Produkten, von Rasierschaum bis zu Töpferwaren. Viele Produkte sind so schön verpackt, dass es fast schade ist, sie auszupacken.
Largo do Intendente Pina Manique 23, www.avidaportuguesa.com, tgl. 10.30–19.30 Uhr, Metro Vd Intendente, Tram 28 Rua da Palma

㉜ Hinter dem Keramikladen **A Loja Azul** verbirgt sich eine besondere Geschichte. Die Französin Gabrielle fand ein Stück Keramik auf einem Flohmarkt in Lissabon und fragte sich, woher es kam. Die Suche führte sie in ein kleines Dorf im Alentejo, wo einige Familien diese Keramik in kleinen Mengen herstellten. Es kam zur Zusammenarbeit und 2011 öffnete A Loja Azul seine Türen.
Rua se São Cristóvão 7, www.azul-azul.com, Mo, Do–Sa 11.00–14.00 & 15.00–19.00, Mi 14.00–19.00, So 12.00–18.00 Uhr, Metro Vd Martim Moniz, Tram 12, 28 Martim Moniz

FREIZEITTIPPS

③ Du liebst Kunst, willst aber draußen sein? Dann besuche den **Jardim Gulbenkian**. Der Garten wurde in den 1960er-Jahren von den Architekten António Viana Barreto und Gonçalo Ribeiro Telles angelegt und gehört zum Gulbenkian Museum. Im Sommer finden hier oft Aufführungen und kulturelle Aktivitäten statt.
Avenida de Berna 45a, gulbenkian.pt/jardim, tgl. von Sonnenaufgang bis -untergang, Eintritt frei, Metro Az, Vm São Sebastião, Az Praça de Espanha

(5) Bei einem Spaziergang durch den Parque Eduardo VII ist ein Besuch der **Estufa Fria** auf jeden Fall einen Besuch wert. In diesem riesigen tropischen Gewächshaus kannst du durch drei verschiedene Klimazonen spazieren. Die Pflanzenarten werden immer exotischer und durch die Wärme wähnt man sich am Äquator. Ziehe die Jacke aus und lass dich vom allgegenwärtigen Grün verzaubern.
Parque Eduardo VII, tgl. April–Okt. 10.00–19.00, Nov.–März 9.00–17.00 Uhr, Eintritt 3,10 €, Metro Am, Az Marquês de Pombal, Az Parque, Az, Vm São Sebastião

(6) Hinter der Praça do Marquês de Pombal liegt der **Parque Eduardo VII**. Hier kannst du herrlich flanieren und der Hektik der Stadt entfliehen. Über die niedrige Vegetation hinweg hast du einen schönen Blick über die Avenida da Liberdade bis zum Tejo. Neben dem Park befindet sich ein botanischer Garten mit Gewächshäusern (*estufas*) mit tropischen Pflanzen und Teichen.
Alameda Cardeal Cerejeira, tgl., Eintritt frei, Metro Am, Az Marquês de Pombal, Az Parque, Az, Vm São Sebastião

(10) Die **Cinemateca** ist ein Institut für die Geschichte der Kinematographie, insbesondere des portugiesischen Kinos. Das kleine Museum hat, neben alten Geräten und einer schönen Filmsammlung, einen Raum für wechselnde Themenausstellungen und zwei Kinosäle, in denen Klassiker gezeigt werden. Beachte die vielen Details des ungewöhnlichen Gebäudes: Der Saal, die Gravuren und eine schöne Dachgaube könnten Kulisse für den Filmklassiker *Casablanca* sein.
Rua Barata Salgueiro 39, www.cinemateca.pt, Mo–Sa 14.30–0.30 Uhr, siehe Website für Filmprogramm, Eintritt Museum frei, Kinokarte 3 €, Metro Az Avenida, Am, Az Marquês de Pombal

(11) Der **Elevador da Glória** ist heute nicht nur beliebt, weil dieser gelbe Tramaufzug so typisch für Lissabon ist. Auch Street-Art-Liebhaber kommen hier voll auf ihre Kosten. Entlang der Calçada da Glória stehen Tafeln, auf denen Graffitikünstler auf Wunsch ihre *murals* gestalten dürfen. Willst du diese bewundern, laufe dann den Hang hinauf oder hinunter.
Haltestellen: Praça dos Restauradores & Rua de São Pedro de Alcântara, www.carris.pt, Mo–Do 7.15–23.55, Fr 7.15–0.25, Sa 8.45–0.25, So 9.15–23.55 Uhr, Hin- und Rückfahrt 3,80 €, Metro Az Restauradores

5
Escape the busy city

Fado
VADIO

14

20
bike
POP
ATM

3

⑭ Der **Elevador do Lavra** ist seit 1884 in Betrieb und damit der älteste der vier Aufzüge in Lissabon. Trotzdem ist er der am wenigsten überfüllte. Die Fahrt nach oben dauert nur ein paar Minuten, aber bei einer Steigung von fast 30 Prozent ist es trotzdem schön, nicht laufen zu müssen. Wie die anderen Aufzüge steht auch dieser auf der Liste der Nationalen Denkmäler.

Calçada do Lavra, www.carris.pt, Mo–Fr 7.50–19.55, Sa–So 9.00–19.55 Uhr, Hin- und Rückfahrt 3,80 €, Haltestellen Largo Anunciada & Rua Câmara Pestana

⑮ Der schattige Garten **Jardim do Torel** gehörte einst dem reichsten Großgrundbesitzer der Region, Cunha Thorel. Seit 1928 ist er öffentliches Eigentum und dank der jüngsten Renovierungsarbeiten zu Recht einer der bestgehüteten Geheimtipps Lissabons. Vor allem Anwohner und Arbeiter verbringen hier ihre freien Stunden. Vom Garten aus hat man einen herrlichen Blick auf die Avenida da Liberdade und die Hügel des Stadtteils Bairro Alto.

Travessa do Torel, tgl. Apr–Sep. 7.00–22.00, Okt.–März 7.00–20.00 Uhr, Eintritt frei, Elevador do Lavra

⑳ Noch vor einigen Jahren war der **Largo do Intendente** ein Ort, den man meiden sollte. Es gab viel Prostitution und der Platz wurde als Parkplatz für Lastwagen genutzt. Im Jahr 2012 wurde er grundlegend umgestaltet. Und das ist auch gut so, denn jetzt kommt unter anderem die Fassade von Viúva Lamego (einer alten Fliesenfabrik) wieder zur Geltung. Jeden zweiten Sonntag im Monat findet hier der **Feira Intendente** statt, auf dem man Vintage- und Secondhand-Artikel ergattern kann.

Largo do Intendente, offener Flohmarkt 2. Sonntag im Monat, Eintritt frei, Metro Vd Intendente, Tram 28 Rua da Palma

㉞ Wir würden dich nicht in ein Parkhaus schicken, wenn es dort nicht etwas Besonderes zu sehen gäbe. Auf jeder Etage des **Estacionamento do Chão do Loureiro** kannst du die Arbeiten von fünf portugiesischen urbanen Künstlern sehen. Gonçalo Mar, Miguel Januário, Nomen, Paulo Arraiano und Ram hatten 15 Tage lang Zeit und völlige Freiheit, sich auszudrücken. Das Ergebnis kann kostenlos bewundert werden. Und oben auf dem Dach hat man einen tollen Blick über die Stadt.

Calçada do Marquês de Tancos 18, tgl., Eintritt frei, Metro Vd Martim Moniz, Tram 12, 28 Martim Moniz

ROUTE 3

BAIXA, GRAÇA, ALFAMA & CASTELO

INFOS ZUR ROUTE

Diese Wanderung ist recht lang und führt teilweise steil bergauf. Du kannst die Strecke auf zwei Tage verteilen. Vor allem, wenn du häufig Sehenswürdigkeiten besuchen möchtest, ist das sehr empfehlenswert. Einen Teil der Route fährst du mit der Tramlinie 28. Statt der Tram 28 kannst du auch ein Tuktuk zum Aussichtspunkt nehmen. Wenn du sportlich bist und genug Zeit hast, kannst du natürlich auch zu Fuß gehen.

DIE VIERTEL

Baixa, die untere Stadt, grenzt an den Fluss Tejo. Dieser Teil der Stadt ist bekannt für seine vielen schönen Plätze. Das große Erdbeben zerstörte dieses Viertel völlig, woraufhin es nach einem streng geometrischen Straßenplan wieder aufgebaut wurde. Von der **Praça do Comércio** am Tejo verlaufen mehrere gerade Einkaufsstraßen hoch zum Rossio. Nachts ist die Unterstadt fast menschenleer.

Das Arbeiterviertel **Graça** ist dank seiner Aussichtspunkte einen Besuch wert. Das Zusammengehörigkeitsgefühl der Einwohner ist so stark wie eh und je.

Lissabon hat seinen Ursprung an der Tejo-Mündung, rund um **Castelo** und **Alfama**. Diese beiden Stadtteile bilden auch heute noch einen authentischen Teil der Stadt. Das **Castelo de São Jorge**, das auf dem gleichnamigen Hügel thront, wurde von den Römern gegründet und später von Westgoten und Mauren bewohnt. Nachdem König Alfonso die Mauren 1147 vertrieben hatte, diente es lange Zeit als königliche Residenz. Alfama ist das Arbeiterviertel zwischen Burg und Fluss. Sein Name leitet sich vom arabischen Wort *al-hamma* ab, was Bad bedeutet und sich auf die ehemaligen Quellen am südlichen Fuß des Hügels bezieht.

Da dieser Teil der Stadt das große Erdbeben von 1755 überlebte, blieb der mittelalterliche Straßenplan erhalten. In dem Labyrinth aus Gassen kannst du wunder-

BESCHREIBUNG ROUTE 3 (ca. 9,9 km)

Starte am Praça do Comércio 1 und trinke einen Kaffee in einem der ältesten Cafés von Lissabon 2. Gehe in die Rua da Prata 3. Biege rechts in die Rua de São Nicolau ein, wo du frühstücken kannst 4. Gehe links in die Rua dos Fanqueiros und wieder links in die Rua da Assunção, wo du Vintage-Sachen kaufst 5. Gehe zurück zur Rua da Prata und biege rechts ab. Am Ende dieser Straße findest du Leckereien in der Confeitaria Nacional 6 am Rossio-Platz 7. Ein Stück weiter, schräg gegenüber der Bar Ginjinha do Rossio 8, befindet sich eine gespenstige Kirche 9. Laufe zum Praça da Figueira 10 mit dem Puppenkrankenhaus auf der linken Seite 11. Gehe die Rua João das Regras entlang zur Haltestelle der Tramlinie 28 in der Nähe des Martim-Moniz-Platzes 12 und steige ein. Steige an der Haltestelle Rua da Graça aus. Jetzt über die Rua da Senhora do Monte den Hügel zum Aussichtspunkt 13 hinauf. Gehe über die Calçada do Monte bergab und bestelle rechts in der Rua Damasceno Monteiro ein kühles Spezialbier bei Oitava Colina 14. Laufe weiter zum Ende der Straße, dort links und ein Stück weiter rechts in die Rua do Sol à Graça. Biege an der ersten Straße rechts ab und bewundere die alten Arbeiterwohnungen in der Villa Bertha 15. Am Ende der Straße rechts, überquere den Largo da Graça und genieße den nächsten Aussichtspunkt und die Kirche 16. Gehe über die schmale Travessa São Vicente und die Rua da Voz do Operário nach unten und rechts zum Mosteiro de São Vicente de Fora 17. Dahinter liegen die Feira da Ladra 18, das Panteão Nacional 19 und das Café Clara Clara 20. Gehe über die Rua do Paraíso und die Rua dos Remedios zum Alfama-Viertel. Auf dem kleinen Platz Largo do Chafariz de Dentro siehst du das Fado-Museum 21, herrliche Fliesen 22 und eine große Auswahl an (Fado)-Restaurants 23. Gehe die Hauptstraße Rua do Terreiro do Trigo hinunter, vorbei am alten Brunnen 24 zur Casa dos Bicos 25 und der Taberna Moderna 26. Gehe durch den Arco das Portas do Mar. Folge der Straße bergauf bis zur Kirche 27. Gehe links um die Kathedrale von Sé 28 herum und esse Tapas im Café Pit 29 oder gehe die erste Straße rechts ab für eine schöne Außenterrasse 30. Wenn du links in die Rua da Saudade einbiegst, findest du ein altes römisches Theater 31. Gehe weiter die Hauptstraße hinauf bis zum Museu de Artes Decorativas 32 und zum Aussichtspunkt 33. Gehe die schmale Treppe hinauf und folge den Schildern zum Castelo de São Jorge 34. Am Tor der Burg biege links ab und biege dann die erste Straße rechts ab, um den Tag im Restaurant und Kulturzentrum Chapitô 35 zu beenden.

SEHENSWÜRDIGKEITEN

① Seit 1511 stand ein königlicher Palast am **Praça do Comércio** am Fluss Tejo, der deshalb auch Terreiro do Paço (Palastplatz) genannt wird. Das Erdbeben von 1755 zerstörte den gesamten Komplex. Marquês de Pombal ließ daraufhin den heutigen Praça do Comércio errichten, einschließlich eines neuen Palastes, der heute als Ministerium dient. Aufgrund seiner Größe und Lage am Fluss gilt er als einer der schönsten Plätze in Europa. In seiner Mitte befindet sich eine Bronzestatue von König José I. zu Pferd, geschaffen vom portugiesischen Bildhauer Machado de Castro.

Praça do Comércio, Metro Az Terreiro do Paço, Tram 15 Praça do Comércio

⑦ Offiziell heißt dieser Platz Praça Dom Pedro IV, aber jeder *Lisboeta* nennt ihn einfach **Rossio** („Gemeinschaftsplatz"). Früh am Morgen, wenn noch nicht viel los ist, ist das schöne, geschwungene schwarz-weiße Muster des Pflasters gut zu erkennen. Früher wurden hier Stierkämpfe abgehalten und in den Brunnen auf dem Platz wurden die neuen Universitätsstudenten schikaniert.

Praça Dom Pedro Iv, Metro Vd Rossio

⑨ Man könnte die **Igreja de São Domingos** auch als Unglückskirche unter den Kirchen Lissabons bezeichnen. Diese Dominikanerkirche wurde im 13. Jahrhundert erbaut, mehrmals durch Erdbeben zerstört und brannte 1959 vollständig nieder. Wegen Geldmangels wurde die Kirche bis heute nicht in ihren ursprünglichen Zustand zurückversetzt. Im Inneren sind die Spuren des Brandes noch deutlich sichtbar und verleihen der Kirche eine gespenstische Atmosphäre. Es ist schwer vorstellbar, dass hier einst königliche Hochzeiten stattfanden.

Largo de São Domingos, www.patriarcado-lisboa.pt, tgl. 7.30–19.00 Uhr, Eintritt frei, Metro Vd Rossio, Tram 12 Martim Moniz

⑩ Wo heute der **Praça da Figueira** ist, stand früher ein Krankenhaus. Der einzige Ort, der noch irgendwie daran erinnert, ist das Puppenkrankenhaus in Nummer 7. Wenn du genau hinschaust, erkennst du, dass die Bronzestatue von Juan I., König von Portugal im 14. Jahrhundert, nicht genau in der Mitte des Platzes steht. 2000 wurde sie an die Ecke versetzt, damit Juan I. auf den Tejo blickt.

Praça da Figueira, Metro Vd Rossio, Tram 12, 15, 25 Praça da Figueira

34

27

⑮ Die **Villa Bertha** kann als Arbeiterhof bezeichnet werden. Der Hof war ursprünglich für das Bürgertum gedacht, doch mit der Industrialisierung und der Zunahme der Bevölkerung Ende des 19. Jahrhunderts mussten Wohnungen für die untere Arbeiterklasse gebaut werden. Die verwendeten Materialien waren von viel besserer Qualität als bei anderen Villen in der Stadt. Die schmiedeeisernen Geländer und die Jugendstilfliesen strahlen Klasse aus. Bertha war übrigens der Name der einzigen Tochter des Architekten der Villa, Joaquim Francisco Tojal.
Rua Vila Berta, tgl., Eintritt frei, Tram 28 Graça

⑰ Im Jahr 1855 wurde das ehemalige Kloster **Mosteiro de São Vicente de Fora** als Pantheon der königlichen Bragança-Dynastie genutzt. Hier sind alle portugiesischen Könige begraben, die zwischen 1640 und 1910 regierten. So unter anderem Catarina de Bragança, die portugiesische Prinzessin, die im 16. Jahrhundert durch ihre Heirat mit Karl II. Königin von England wurde. Portugal trieb zu dieser Zeit regen Handel im Fernen Osten, und Catarina war es, die das Teetrinken in England einführte. Das 1908 errichtete Grabmal erregt zweifellos Aufmerksamkeit. Königin Amália sitzt, in weißen Marmor gehauen, weinend und

kniend vor den Gräbern ihres Mannes und ihres ältesten Sohnes. Sie wurden vor ihren Augen auf dem Hauptplatz am Fluss Tejo erschossen. Königin Amália und ihr jüngster Sohn, Portugals letzter König, überlebten das Attentat.
Largo de São Vicente, mosteirodesaovicentedefora.com, Di–So 10.00–17.00 Uhr, Eintritt Kirche frei, Kreuzgang 5 €, Metro Az Santa Apolonia, Tram 28 Voz Operário

(19) Im **Panteão Nacional** sind viele portugiesische Persönlichkeiten begraben, darunter ehemalige Präsidenten und Schriftsteller. Umso größer war der öffentliche Aufschrei, als die Fado-Ikone Amália Rodrigues nach ihrem Tod 1999 nicht im Pantheon beigesetzt wurde. Schließlich war sie diejenige, die den Fado weltweit berühmt gemacht hatte! Es bedurfte eines Volksprotests und einer Gesetzesänderung, aber 2001 erhielt die Fado-Diva dann doch die ihr gebührende Ruhestätte.
Campo de Santa Clara, www.panteaonacional.gov.pt, April–Sep. Di–So 10.00–18.00, Okt.–März Di–So 10.00–17.00 Uhr, Eintritt 4 €, Metro Az Santa Apolonia, Tram 28 Voz Operário

(21) Zwei Jahrhunderte Fado-Musik in einer Nussschale: Das erwartet dich im kleinen **Museu do Fado**. Mit atmosphärischen Impressionen, wie einem originalgetreu rekonstruierten Fado-Café samt Musikern, zeigt das Museum die Ursprünge des portugiesischen Lebensliedes. Es zeigt auch den Einfluss, den diese melancholische Musik auf die portugiesische Musik-, Fernseh- und Theaterszene hatte.
Largo do Chafariz de Dentro, www.museudofado.pt, Di–So 10.00–18.00 Uhr, Eintritt 5 €, Metro Az Santa Apolonia

(24) Chafariz bedeutet „Trinkwasserbrunnen" und El Rei „der König". Man kann also sagen, dass **Chafariz d'El Rei** ein echter „Königsbrunnen" ist. Die in die Stadtmauer eingelassene Wasserstelle ist auch der älteste Springbrunnen von Lissabon. Der Bau begann im 13. Jahrhundert, aber erst im 18. Jahrhundert erhielt der Brunnen seine endgültige Form. Anwohner und Seeleute vom Hafen schöpften hier jahrhundertelang ihr Trinkwasser.
Largo do Terreiro do Trigo, Bus 206, 210, 728, 735, 759, 794 Alfândega

(25) Die **Casa dos Bicos** wurde 1523 erbaut. Trotz Restaurierung und der Aufstockung des ursprünglichen Gebäudes vermittelt das Haus ein gutes Bild davon, wie ein wohlhabender Kaufmann in der frühen Renaissance lebte. Der Name Casa dos

Bicos bezieht sich auf die Fassadendekoration mit den markanten Punkten, die Diamantköpfe oder *bicos de diamante* genannt werden. Im Inneren erfährst du alles über Leben und Werk des Schriftstellers und Nobelpreisträgers José Saramago.
Rua dos Bacalhoeiros 10, www.josesaramago.org, Mo–Sa 10.00–18.00 Uhr, Eintritt 3 €, Metro Az Terreiro do Paço, Tram 12, 28 Sé

(27) Die **Igreja de Santo António de Lisboa** ist eine wunderschöne Barockkirche genau an der Stelle, an dem einst das Geburtshaus des heiligen Antonius stand. Der heilige Antonius wurde 1195 geboren und starb nach seiner Wanderschaft als Missionar in Afrika schließlich in Padua, Italien. Er ist der Schutzpatron von Lissabon und sein Gedenktag, der 13. Juni, ist ein Feiertag, an dem in der Stadt Paraden und Straßenaktivitäten organisiert werden. Neben der Kirche befindet sich ein kleines Museum, das dem Heiligen gewidmet ist.
Largo de Santo António da Sé, www.stoantoniolisboa.com, tgl. 10.00–18.00 Uhr, Eintritt Kirche frei, Museum 3 €, Tram 12, 28 Sé

(28) 1147 eroberte König Alfonso I. Lissabon von den Arabern zurück und begann mit dem Bau der **Sé de Lisboa**, die sehr demonstrativ an der Stelle der früheren großen Moschee stand. Sie ist das älteste Kirchengebäude der Stadt, musste aber wegen mehrerer schwerer Erdbeben mehrfach wieder aufgebaut werden. Zudem wurde sie ständig erweitert. So finden sich in dem ursprünglich romanischen Bauwerk mehrere Baustile. Neben der Kathedrale kann man auch den gotischen Kreuzgang und das Museum mit religiösen Gegenständen bewundern.
Largo da Sé, tgl. 9.00–17.00 Uhr, Eintritt Kirche frei, Kreuzgang 4 €, Tram 12, 28 Sé

(31) Ursprünglich bot dieses römische Amphitheater aus dem 1. Jahrhundert Platz für etwa fünftausend Zuschauer, aber als die Römer vier Jahrhunderte später abzogen, wurde es als Fundament für neue Stadtgebäude verwendet. Erst beim Wiederaufbau der Stadt nach dem großen Erdbeben von 1798 wurden die Ruinen entdeckt. Das 2001 eröffnete **Museu do Teatro Romano** zeigt die Geschichte und einige spärliche Überreste des Amphitheaters. Bisher wurde nur ein Drittel der Ruinen freigelegt, aber mit audiovisuellen Präsentationen wird das antike „Olisipo", wie die Römer Lissabon nannten, hier trotzdem wieder zum Leben erweckt.
Rua de São Mamede 3, www.museudelisboa.pt, Di–So 10.00–18.00 Uhr, Eintritt 3 €, Tram 12, 28 Limoeiro

10

PORTUGAL PELA GRAÇA DE DEUS E FIRMEZA DE NUN' ALVARES,
MÉDICOS

(32) Im **Museu de Artes Decorativas**, das sich im schönen Palácio Azurara befindet, kannst du Interieurs des portugiesischen Adels im 17. und 18. Jahrhundert besichtigen. Außerdem zeigt das Museum Silber, Porzellan, Textilien, Möbel und Gemälde verschiedener Paläste. Ein Highlight ist die umfangreiche Sammlung von *azulejos*, den bunt bemalten Keramikfliesen.

Largo das Portas do Sol 2, www.fress.pt, Mo & Mi–So 10.00–17.00 Uhr, Eintritt 4 €, Tram 12, 28 Largo das Portas do Sol

(34) Ein Besuch in Lissabon wäre ohne den Besuch des **Castelo de São Jorge** nicht vollständig. Diese Burg ist das berühmteste und höchste historische Gebäude Lissabons. Sie wurde von den Römern erbaut, änderte ihre Funktion aber im Laufe der Jahrhunderte. Die Mauren verwandelten sie in eine Festung. Sie war lange Zeit Residenz portugiesischer Könige. Von hier aus hat man einen herrlichen Blick über die Stadt.

Rua de Santa Cruz do Castelo, www.castelodesaojorge.pt, März–Okt. tgl. 9.00–21.00, Nov.–Feb. 9.00–19.00 Uhr, Eintritt 10 €, Tram 12 São Tomé

ESSEN UND TRINKEN

(2) Das Café **Martinho da Arcada** von 1782 ist das älteste Café in Lissabon. Der berühmte Schriftsteller Fernando Pessoa war hier ein gern gesehener Gast. Der Hut an der Garderobe neben seinem Stammtisch erweckt den Eindruck, dass er jeden Moment hereinspazieren könnte. Dieses Café ist der authentischste Ort an der sonst eher touristischen Praça do Comércio für eine kleine Stärkung.

Praça do Comércio 3, Tel. +351 218879259, www.martinhodaarcada.pt, Mo–Sa 7.00–23.00 Uhr, Kaffee mit süßer Leckerei 5 €, Metro Az Terreiro do Paço, Tram 28 Rua Conceição

(4) Obwohl der Name des **Nicolau Lisboa Café** nicht ganz originell ist – es liegt in der Rua de São Nicolau –, so ist es die Speisekarte. Von frühmorgens an kannst du unter anderem Açaibowls, Joghurtschalen und Pfannkuchen bestellen. Alles ist bio! Was auch immer du wählst, die Gerichte sind so farbenfroh angerichtet, fast zu schade zum Essen.

Rua de São Nicolau 17, Tel. +351 218860312, www.ilovenicolau.com, tgl. 8.30–22.00 Uhr, Kaffee mit süßer Leckerei 5 €, Metro Az, Vd Baixa-Chiado, Tram 12, 28 Rua da Conceição

(6) Die Einwohner von Lissabon kaufen ihr Gebäck in der **Confeitaria Nacional**. In dieser Konditorei mit Teestube gibt es zum Beispiel *queijadas*, ein Gebäck aus Sintra, und *doces de ovos*, eine Delikatesse aus Aveiro. Wenn du in der Weihnachtszeit dort bist, solltest du *bolo rei* probieren, den traditionellen portugiesischen Weihnachtskuchen mit kandierten Früchten. Du kannst hier auch gut frühstücken.

Praça da Figueira 18b, Tel. +351 213424470, www.confeitarianacional.com, Mo–Do 8.00–20.00, Fr–Sa 8.00–21.00, So 9.00–21.00 Uhr, Kaffee mit süßer Leckerei 3 €, Metro Vd Rossio

(8) Im **Ginjinha do Rossio** kannst du schon um 9.00 Uhr Lissabons traditionellen Likör, den *ginjinha*, probieren, und das schon seit 1840! Geschäftsleute, Alteingesessene, junge Leute, Einwanderer und Touristen treffen sich spätnachmittags auf dem Platz und die Ginjinhas, mit oder ohne Frucht, fliegen über die Theke.

Largo de São Domingos 8, Tel. +351 218145374, www.ginjinhaespinheira.com, Mo–Do 9.00–21.00, Fr–So 9.00–22.00 Uhr, Glas Ginjinha 1,40 €, Metro Vd Rossio

(19) Portugiesen sind Weinliebhaber, aber wer gern ein Bier trinkt, hat heutzutage eine immer größere Auswahl. Wo man früher nur ein Sagres oder ein Super Bock bestellen konnte, werden heute immer häufiger Bierspezialitäten angeboten. **Oitava Colina** ist ein solcher Ort. Wähle ein „Zé Arnaldo" oder ein „Florinda". Jede Sorte hat ihren eigenen unverwechselbaren Geschmack. Die Aussicht hier ist grandios, vor allem gegen Ende des Tages, wenn die Sonne untergeht. Möchtest du einen Blick in die Brauerei werfen, dann ist auch das möglich. Sie befindet sich ein paar Straßen weiter, in der Travessa Pereira, Nummer 16. Prost!
Rua Damasceno Monteiro 8a, Tel. +351 218278528, www.oitavacolina.pt, Mo–Do & So 16.00–23.00, Fr–So 16.00–1.00 Uhr, Bier mit Snack 5 €, Tram 28 Rua Graça

(20) **Clara Clara** ist der ultimative Ort, um in Ruhe deine Einkäufe vom Feira da Ladra anzuschauen. Der Kiosk befindet sich im Garten des Campo Santa Clara und im Sommer wird hier regelmäßig Live-Musik gespielt oder ein DJ legt auf.
Jardim Botto Machado, Tel. +351 218850172, clara-clara-cafe.business.site, tgl. 10.00–19.00 Uhr, Getränk mit Snack 5 €, Metro Az Santa Apolonia

(23) Alfama ist das Viertel schlechthin, um Fado zu hören, oder besser gesagt, zu erleben. Überall in der Stadt gibt es Restaurants, in denen man für viel Geld eine professionelle Gesangs- und Tanzshow besuchen kann. Viel amüsanter und authentischer ist der Fado Vadio: Fado, gesungen von den Einwohnern von Alfama in einer *tasca*, einem einfachen Restaurant. **Esquina de Alfama** ist ein solches beliebtes Fado-Restaurant. Das Essen ist einfach und schmackhaft und die einzigartige Atmosphäre und die Sänger aus der Nachbarschaft machen den Abend zu einem Erlebnis.
Rua de São Pedro 4, Tel. +351 218870590, Fb @esquinadealfama, Mo & Mi. 18.00–24.00 Uhr, 18 €, Bus 206, 210, 728, 735, 759, 794 Casa do Conto

(26) Der Name sagt es schon: **Taberna Moderna** ist ein modernes Lokal mit schöner Atmosphäre. Besonders an Donnerstagen, Freitagen und Samstagen, wenn ab 22 Uhr ein DJ auflegt. Serviert wird eine Mischung aus portugiesischen und spanischen Tapas. In der Lisbonita Ginbar kannst du aus Dutzenden von Gin-Sorten wählen, die teilweise mit exotischen Zutaten zubereitet werden.
Rua dos Bacalhoeiros 18, Tel. +351 218865039, www.tabernamoderna.com, Mo–Fr 18.00–1.00, Sa 12.00–16.00 & 18.00–1.00 Uhr, 20 €, Metro Az Terreiro do Paço

14
8a
COLINA

20

6

4

4
SMOOTHIES
GREEN JUICES
ACAI BOWLS
YOGURT BOWLS
EGGS BENEDICT
PANCAKES

8

I love vintage

(29) Im **Café Pit** findest du typisch portugiesische Gerichte, ergänzt durch einige einfache vegetarische und vegane Alternativen. Ein wunderbarer Klassiker ist das in rotem Portwein geschmorte Schweinekotelett mit Reis und Salat. Oder du wählst die Tapas für zwei für 28 €. Im Hintergrund rattert gelegentlich die Tramlinie 28 vorbei, und so kommt hier ein echtes Lissabon-Gefühl auf.
Rua Augusto Rosa 23, Tel. +351 218863851, Mo–Sa 12.00–22.00, So 12.00–19.00 Uhr, 14 €, Tram 12, 18 Limoeiro

(30) Der Weg zur Eingangstür des **Memmo Alfama Hotel** führt durch eine schmale Gasse. Dieses Gebäude beherbergte einst eine Schuhcreme-Fabrik. Hinter der alten Fassade verbirgt sich heute eine schlichte und moderne Einrichtung mit zarten Farben und angenehmer Atmosphäre. Das Hotel verfügt über eine öffentlich zugängliche Terrasse mit atemberaubendem Blick über das Alfama-Viertel. Du kannst hier auch sitzen, wenn du nicht im Hotel wohnst.
Travessa das Merceeiras 27, Tel. +351 210495660, www.memmohotels.com, tgl. 12.00–23.00 Uhr, Getränk 6 €, Tram 12, 28 Limoeiro

SHOPPEN

(3) Ein nettes Geschenk für die Daheimgebliebenen findest du bei **Chocolataria Equador**, wo alle Leckereien zu 100 % handgemacht sind. Der Kakao kommt aus Brasilien, Kuba und Ecuador, aber die Schokolade wird in Portugal hergestellt und dann in einer von den 40er- und 50er-Jahren inspirierten hübschen Verpackung angeboten. Wähle klassische Sorten wie Zartbitter und Vollmilch oder probiere Schokolade mit Minze, Kirsche, Ingwer oder sogar Portwein.
Rua da Prata 97, www.chocolatariaequador.com, tgl. 11.00–19.00 Uhr, Tram 12, 28 Rua da Conceição

(5) **A Outra Face da Lua** ist eine tolle Adresse für Liebhaber von Vintage-Mode und Accessoires. Wenn du genug geshoppt hast oder in Ruhe nachdenken willst, ob die Paillettenweste wirklich etwas für die nächste Party ist, dann nimm im angrenzenden Teesalon oder auf der gemütlichen Außenterrasse Platz.
Rua da Assunção 22, www.aoutrafacedalua.com, Mo–Fr 10.00–19.30, Sa 11.00–19.30 Uhr, Metro Az, Vd Baixa–Chiado, Tram 12, 28 Rua Conceição

(22) Wenn du portugiesische Fliesenarbeiten kitschig findest, besuche Vanessa von **Azulejos de Fachada**. Sie verleiht handbemalten und gemusterten Fliesen ein modernes Gesicht. Ihre Fliesen sind schlicht und hip – ideal als Untersetzer oder Blickfang im Haus. Vanessas Arbeiten werden weltweit verkauft, auch der Versand ist kein Problem, selbst wenn du deine ganze Küche neu fliesen willst.
Beco do Mexias 1, www.azulejosdefachada.com, Mo–Fr 10.30–12.30 & 14.00–17.30 Uhr, Bus 206, 210, 728, 735, 759, 794 Casa do Conto

FREIZEITTIPPS

(11) Die Geschichte des **Hospital de Bonecas** beginnt wie ein Märchen. Es war einmal eine alte Frau, die vor langer Zeit vor der Tür eines Lebensmittelladens alte Puppen reparierte. Immer wieder kamen Kinder aus der Nachbarschaft mit ihren Puppen vorbei. Jetzt gibt es ein richtiges Puppenkrankenhaus mit Ladenlokal und Museum. Aus der ganzen Welt werden Puppen geschickt.
Praça da Figueira 7, www.hospitaldebonecas.com, Mo–Sa 10.00–19.00, So 10.00–18.00 Uhr, Eintritt 2 €, Metro Vd Rossio, Tram 12 Martim Moniz

(12) Eine unterhaltsame und schnelle Art, die Altstadt von Lissabon zu erkunden, ist eine Fahrt mit der **Tram 28**, die vom Campo de Ourique bis Martim Moniz und zurück fährt. Die Straßen, durch die die Tramlinie verläuft, sind manchmal so eng, dass es ein Wunder ist, dass die Tram nicht stecken bleibt. Im Sommer bilden sich an den Haltestellen lange Schlangen; die Tram ist leider recht touristisch geworden.
Verschiedene Haltestellen im Stadtzentrum, Start- und Endpunkt: Tramhaltestelle Martim Moniz, Campo de Ourique / Prazeres, darunter Rua António Maria Cardoso, tgl. 7.00–23.00 Uhr, Fahrpreis 3 €

(13) Die beste Aussicht auf die Stadt hat man vom **Miradouro da Senhora do Monte**. Wörtlich übersetzt bedeutet dies „Aussichtspunkt der Frau vom Berg". Die Kapelle wurde früher von schwangeren Frauen aufgesucht. Laut Überlieferung konnten sie auf eine schnelle Entbindung hoffen, wenn sie sich auf den Holzstuhl setzten. Heute steht hier ein Foodtruck.
Rua da Senhora do Monte 50, tgl., Eintritt frei, Tram 28 Rua da Graça

18

33
Don t miss this!

18

(16) Am **Miradouro da Graça** kannst du im Schatten des Klosters Convento da Graça den Blick über das Stadtzentrum schweifen lassen. Bestelle wie die Einheimischen am Kiosk ein Sandwich und einen *galão* (Milchkaffee) und setze dich auf eine Bank.

Calçada da Graça, tgl., Eintritt frei, Tram 28 Graça

(18) Die **Feira da Ladra** ist Lissabons größter Flohmarkt. Von Kunst bis Kitsch, neu oder aus zweiter Hand, Kleidung und Haushaltswaren: Es ist immer wieder überraschend, was man hier findet, und das Stöbern macht Spaß. *Feira da ladra* bedeutet wörtlich „Markt der Diebe". In der Tat war dies früher der Ort, an dem Diebe ihre Beute verkauften. Heutzutage hat der Name auch eine andere Bedeutung bekommen: Taschendiebe treiben oft am und um den Markt herum ihr Unwesen. Passe auf deine Sachen auf!

Campo de Santa Clara, São Vicente, Di & Sa 6.00–16.00 Uhr, Eintritt frei, Metro Az Santa Apolonia, Tram 28 Mercado de Santa Clara

(33) Wenn du Lissabon besuchst und gerne fotografierst, ist der **Miradouro das Portas do Sol** ein Muss. Hier hast du einen Panoramablick über Alfama und den Fluss Tejo. *Portas do sol* bedeutet so viel wie „Türen zur Sonne". Wenn du den Sonnenaufgang oder -untergang fotografieren möchtest, bist du hier richtig!

Largo Portas do Sol, tgl., Eintritt frei, Tram 12, 28 Largo das Portas do Sol

(35) Hast du Lust auf etwas Abwechslung am Abend? Besuche dann das außergewöhnliche Kulturzentrum **Chapitô**. Tagsüber ist es eine Schule für Zirkusartisten, aber abends gibt es Theateraufführungen oder Musikveranstaltungen. Trinke ein gutes Glas Wein auf der überdachten Terrasse oder bestelle einen kleinen Imbiss im Restaurant. Eine Reservierung ist empfehlenswert.

Rua da Costa do Castelo 1–7, www.chapito.org, tgl. 12.00–24.00 Uhr, siehe Website für Programm und Preise, Restaurant Hauptgericht 20 €, Tram 12, 28 Miradouro Santa Luzia

ROUTE 4

SÃO BENTO, ESTRELA, CAMPO DE OURIQUE & SANTOS

INFOS ZUR ROUTE

Diese Route ist ziemlich lang. Du kannst den Spaziergang abkürzen, indem du ein Stück mit der Tram 25 oder 28 fährst. Wenn du zum ersten Mal oder nur für kurze Zeit in Lissabon bist, empfiehlt es sich, nicht mit dieser Route zu beginnen, obwohl einige Sehenswürdigkeiten definitiv die Mühe wert sind. Willst du die ausgetretenen Touristenpfade verlassen, dann ist diese Route genau richtig.

DIE VIERTEL

São Bento ist bekannt für den Sitz des portugiesischen Parlaments, der **Assembleia da República**. Ursprünglich war das Parlamentsgebäude aus dem 16. Jahrhundert ein Kloster des Benediktinerordens und wurde **Palácio de São Bento** genannt. Das Viertel ist bekannt für seine vielen Antiquitätengeschäfte. Einige dieser Geschäfte befinden sich seit mehr als drei Generationen im Besitz derselben Familie.

Angrenzend an São Bento liegt Estrela, eines der wohlhabenderen Viertel Lissabons. Im Zentrum steht die **Basílica da Estrela**, eine Basilika im spätbarocken Stil, die 1790 zu Ehren der Geburt des Sohnes von Königin Maria I. errichtet wurde. Der schöne Park **Jardim da Estrela** ist mit seinen exotischen Gärten, dem schönen Spielplatz und den charmanten Cafés eine echte Stadtoase. Im Sommer finden hier regelmäßig Musikaufführungen statt. An Estrela grenzen die beiden schönen Stadtteile Lapa und **Santos**. Hier findest du viele Botschaften, das schicke Hotel da Lapa und das Museum für alte Kunst, das **Museu Nacional de Arte Antiga**. Diese Stadtteile liegen abseits der Touristenrouten und sind daher sehr ruhig. Du erhältst einen guten Einblick in den Alltag der *Lisboetas*.

Campo de Ourique ist wie ein kleines Dorf inmitten der großen Stadt. Es ist ein relativ flaches Wohngebiet mit vielen Geschäften und kleinen Restaurants. Man

sieht hauptsächlich junge Familien unc
rühmten Dichters Fernando Pessoa ist
war einer der bedeutendsten Dichter (
kleine Bruder des Mercado da Ribeira
Diese Lebensmittelhalle zieht viele Be
Schließlich ist Campo de Ourique das
Von hier aus kannst du also gut mit de

WENIG ZEIT? DAS SIND DIE HIGH
RUA DE SÃO BENTO + ASSEMBLE
ESTRELA + MERCADO DE CAMPO
DE ARTE ANTIGA

I'm in love
with cities
I've never
been to &
people I've
never met

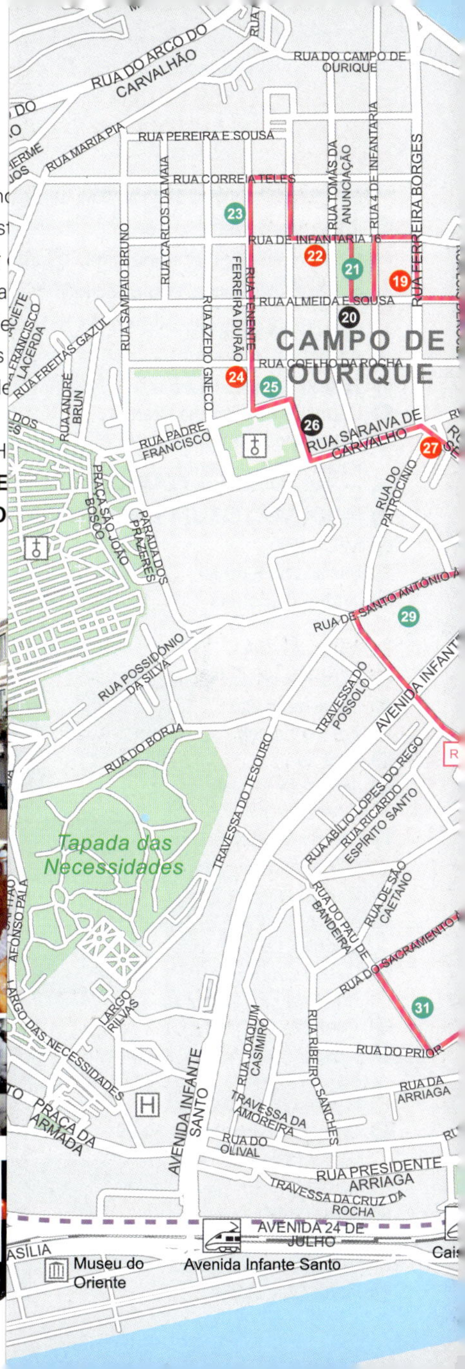

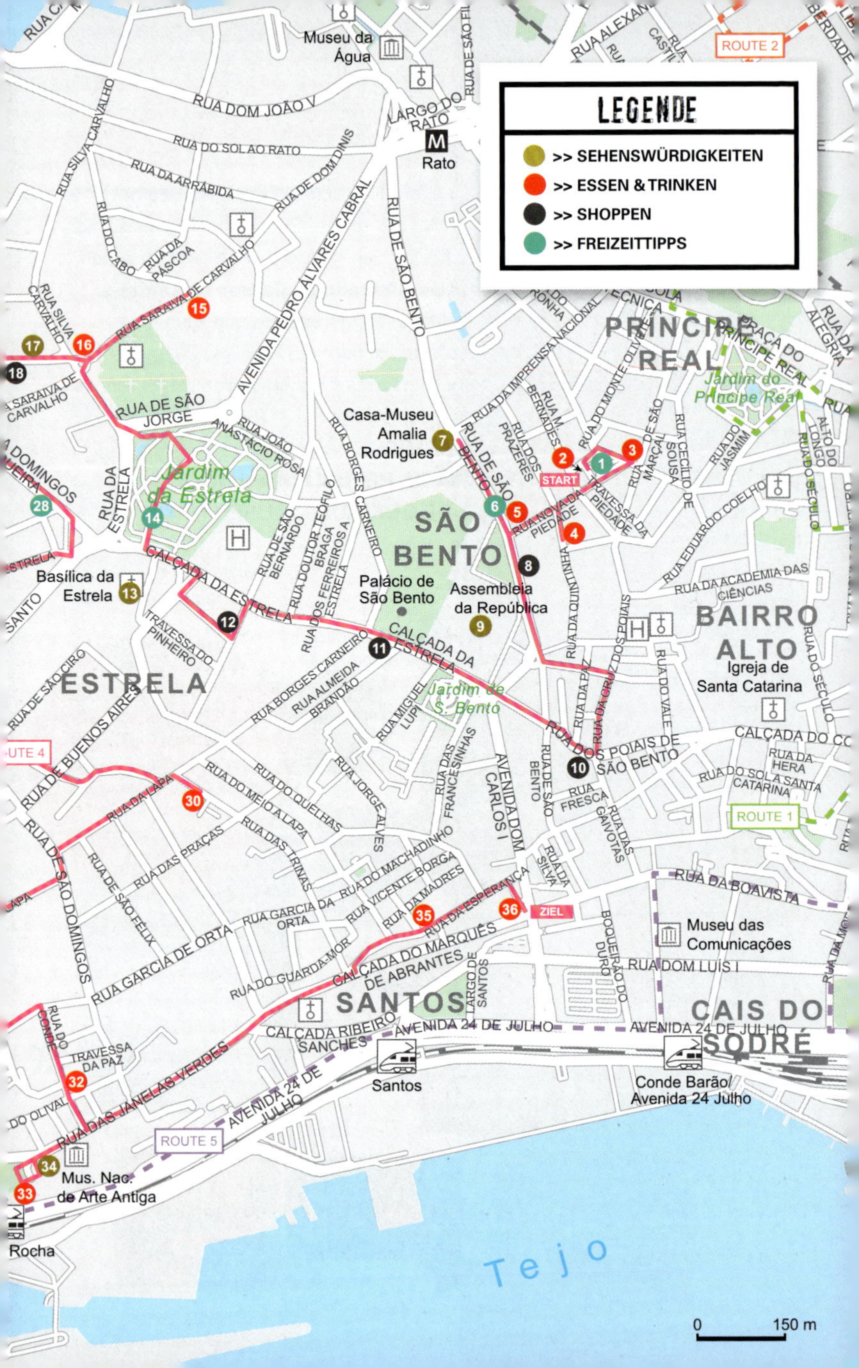
LEGENDE
>> SEHENSWÜRDIGKEITEN
>> ESSEN & TRINKEN
>> SHOPPEN
>> FREIZEITTIPPS
ROUTE 2
ROUTE 1
ROUTE 4
ROUTE 5
START
ZIEL
Museu da Água
Rato
Largo do Rato
Rua Dom João V
Rua do Sol ao Rato
Rua da Arrábida
Rua de Dom Dinis
Rua Silva Carvalho
Rua do Cabo
Rua da Páscoa
Rua Saraiva de Carvalho
Avenida Pedro Álvares Cabral
Rua de São Bento
Príncipe Real
Jardim do Príncipe Real
Praça do Príncipe Real
Rua de São Jorge
Rua João Anastácio Rosa
Jardim da Estrela
Casa-Museu Amalia Rodrigues
Rua Borges Carneiro
Rua da Imprensa Nacional
Rua dos Prazeres
Rua do Monte Olivete
Rua de São Marçal
Rua Cecílio de Sousa
Rua do Jasmim
Rua da Nova da Piedade
Travessa da Piedade
Rua Eduardo Coelho
Rua da Academia das Ciências
Rua do Século
São Bento
Palácio de São Bento
Assembleia da República
Rua da Estrela
Rua de São Bernardo
Rua Doutor Teófilo Braga
Rua dos Ferreiros à Estrela
Basílica da Estrela
Calçada da Estrela
Travessa do Pinheiro
Estrela
Bairro Alto
Igreja de Santa Catarina
Rua da Quintinha
Rua da Paz
Rua da Cruz dos Poiais
Rua do Vale
Rua Almeida Brandão
Jardim de S. Bento
Rua Miguel Lupi
Rua dos Poiais de São Bento
Calçada do Combro
Rua da Hera
Rua do Sol a Santa Catarina
Rua de São Domingos
Rua de Buenos Aires
Rua da Lapa
Rua do Meio à Lapa
Rua do Quelhas
Rua Jorge Alves
Rua das Francesinhas
Avenida Dom Carlos I
Rua Fresca
Rua das Gaivotas
Rua da Silva
Rua das Praças
Rua das Trinas
Rua de São Félix
Rua Garcia de Orta
Rua do Machadinho
Rua Vicente Borga
Rua das Madres
Rua da Esperança
Rua da Boavista
Museu das Comunicações
Rua Dom Luís I
Boqueirão do Duro
Rua do Guarda-Mor
Calçada do Marquês de Abrantes
Largo de Santos
Santos
Cais do Sodré
Calçada Ribeiro Sanches
Avenida 24 de Julho
Conde Barão/ Avenida 24 Julho
Rua do Conde
Travessa da Paz
Rua do Olival
Rua das Janelas Verdes
Mus. Nac. de Arte Antiga
Rocha
Tejo
0
150 m

BESCHREIBUNG ROUTE 4 (ca. 8,5 km)

Starte an der Praça das Flores 1 mit etwas Süßem im Pau de Canela 2. Die Cerveteca 3 öffnet nachmittags. Guten Kaffee gibt es gleich um die Ecke 4 in der Rua Quintinha. Ein Eis bestellst du bei Nannarella 5. Von der Rua Nova da Piedade rechts ab und vorbei an Antiquitätengeschäften 6. In der Rua de São Bento findest du das ehemalige Wohnhaus der berühmten Fado-Sängerin Amália Rodrigues 7. Gehe zurück und setze deinen Weg entlang dieser Straße fort, in der schöne Glaswaren 8 angeboten werden. Biege am Parlamentsgebäude 9 in die Travessa da Peixeira ein. Nimm die zweite rechts und dann die zweite Straße wieder rechts, um eine Olivenölverkostung zu besuchen 10. Folge den Tramschienen der Linie 28 für einen gesunden Snack bei Consi.go 11. Bevor du zur Basilika gelangst, biege die zweite Straße links ab für Vintage-Sachen 12. Jetzt rechts, gleich wieder rechts und dann links bis zur Basilika 13. Überquere die Straße und stoppe im Jardim da Estrela 14. Gehe durch den Park und verlasse ihn am Ende durch das linke Tor. Überquere die Straße und laufe in die Rua da Estrela. Biege rechts ab und genieße ein Mittagessen 15 oder setze dich auf die Terrasse von Raffi's Bagels 16. Gehe durch die Rua Coelho da Rocha zum Wohnhaus des Dichters Fernando Pessoa 17 oder lasse dich von Design inspirieren 18. Jetzt die erste Straße rechts, dann links und wieder rechts in die Rua Ferreira Borges zum Brunchen 19. Biege die erste links, dann wieder links und dann rechts ab für köstliche Pralinen 20. Spaziere durch den Park 21, biege links ab und genieße in der Rua de Infantaria 16 frisch gebackenen Kuchen 22. Laufe um den Block zur Kunstgalerie 23 und weiter in die Rua Tenente Ferreira Durão für den besten Schokokuchen der Welt 24 und weitere Leckereien auf dem Stadtmarkt 25. Gegenüber der Kirche kannst du einen kleinen Laden 26 entdecken. Biege links in die Rua Saraiva de Carvalho für ein Mittag- oder Abendessen 27 ein und nimm in der Rua Domingos Sequeira die Tram 25 28 bis zur Rua Garcia da Orta. Oder laufe rechts in die Rua Santo António à Estrela, um zeitgenössische Kunst 29 anzuschauen. Spaziere auf der Rua de Sant'Ana à Lapa durch das Wohnviertel Lapa zum Clube de Jornalistas für einen romantischen Nachmittag 30. Gehe zurück zur Rua da Lapa, dort in die vierte Straße links, sofort wieder rechts und dann wieder links in die Rua do Pau de Bandeira für einen Nachmittagstee 31. Jetzt die erste links und die zweite rechts in die Rua do Conde 32. Biege dann am Ende rechts ab für einen Drink *with a view* und das Museum 33 34. Kehre zurück und lass den Tag in einem der Restaurants ausklingen 35 36.

SEHENSWÜRDIGKEITEN

(7) Das auffällige gelbe Haus **Casa Amália Rodrigues** ist ein Ort voller Geschichte. Die weltberühmte Fado-Sängerin Amália Rodrigues lebte hier ein halbes Jahrhundert. Fast alles, was heute im Museum zu sehen ist, ist noch so, wie sie es hinterließ. Das Museum zeigt wichtige Erinnerungen an die Sängerin und gibt einem das Gefühl, in die Zeit zurückzureisen, als sie noch hier wohnte. Eine geführte Tour dauert etwa 40 Minuten.

Rua de São Bento 193, www.amaliarodrigues.pt, Di–So 10.00–18.00 Uhr, Eintritt 7 €, Metro Am Rato

(9) **Assembleia da República** ist der portugiesische Name für das Parlament, das im **Palácio de São Bento** tagt. Vor der liberalen Revolution wurde das Parlamentsgebäude als Kloster genutzt. Das weiße neoklassizistische Gebäude ist riesig. Es wird von Marmorsäulen getragen und ist mit Statuen geschmückt.

Palácio de São Bento, www.parlamento.pt, nicht öffentlich zugänglich, Tram 28 Rua de São Bento

(13) Auf einem der sieben Hügel der Stadt liegt die imposante neoklassizistische **Basílica da Estrela**, direkt neben dem Jardim da Estrela. Diese Basilika wurde im 18. Jahrhundert von Königin Maria I. aus Dankbarkeit für die Geburt ihres Sohnes erbaut. Im Inneren gibt es neben ihrem Grab eine beeindruckende Krippe im Barockstil zu sehen. Schaue dir die Kuppel an: Die Aussicht von oben ist es wert.

Praça da Estrela, tgl. 8.00–13.00 u. 15.00–20.00 Uhr, Eintritt frei, Tram 25, 28 Estrela

(17) **Casa Fernando Pessoa** ist das Haus, in dem Fernando Pessoa, einer der berühmtesten portugiesischen Dichter, von 1920 bis zu seinem Tod 1935 wohnte. Heute beherbergen die ehemaligen Wohnräume ein Museum, in dem ein Teil von Pessoas Bibliothek und andere Reliquien aufbewahrt werden. Die wertvollen Manuskripte wurden digitalisiert und sind somit für jeden Besucher zugänglich. Die Ausstellung besteht außerdem aus persönlichen Gegenständen, wie seine Schreibmaschine, seine Brille und sogar sein ganzes Zimmer.

Rua Coelho da Rocha 16, casafernandopessoa.cm-lisboa.pt, Di–Sa 10.00–18.00 Uhr, Eintritt 5 €, Metro Am Rato, Tram 25, 28 Rua Saraiva de Carvalho

Much to do,
more to see

17

13

(34) **Museu Nacional de Arte Antiga** ist, wie der Name schon sagt, das Museum für antike Kunst. Es ist eines der größten seiner Art in Europa und das wichtigste Museum in Portugal. Die Sammlung wuchs nach der Aufhebung der Mönchsorden im 18. Jahrhundert enorm, weshalb hier relativ viel religiöse Kunst zu sehen ist. Im Museum findest du Glas, Keramik, Gold, Wandteppiche und natürlich Malerei. Es gibt Werke bekannter Künstler wie Holbein, Bosch und Brueghel. Das Gebäude war ursprünglich ein Palast und wurde im späten 17. Jahrhundert für einen portugiesischen Grafen erbaut. Der Palast mutet ein wenig niederländisch an, denn im 18. Jahrhundert lebte hier der wohlhabende niederländische Diplomat Daniël Gildemeester, der auch Diamantenhändler war.
Rua das Janelas Verdes 17, www.museudearteantiga.pt, Di–So 10.00–18.00 Uhr, Eintritt 6 €, Bus 713, 714, 727 Rua das Janelas Verdes

ESSEN & TRINKEN

(1) An der malerischen Praça das Flores mit ihren Grünanlagen, Bänken und einem Brunnen liegt **Pãu de Canela**. An den Wochenenden kann man hier bis 16.00 Uhr brunchen. Aber keine Sorge, auch in der Woche gibt es etwas zu essen. Auf der Speisekarte stehen köstliche süße und salzige Häppchen zum Kaffee. Wenn du später am Tag hier bist, bestelle einige *petiscos* zum Getränk. Zum Beispiel *peixinhas da horta*, frittierte Saubohnen mit Knoblauchmayonnaise.
Praça das Flores 25–29, Tel. +351 213972220, paodecanela.pt, tgl. 8.00–23.00 Uhr, Brunch 21 €, Metro Am Rato

(3) Einzigartig in Lissabon: ein Café mit einer Auswahl von über 100 Craft-Bieren. Du kannst bei einem Besuch nicht alle probieren, aber wenn du Bier magst, solltest du unbedingt einmal bei **Cerveteca** vorbeischauen. Neben portugiesischen Bierspezialitäten stehen belgische Biere auf der Karte. Soll es etwas Niederländisches sein, dann wähle De Molen oder Emelisse. Bestelle zum Getränk kleine Snacks wie eine Käse- oder Fleischplatte oder ein *presunto*-Sandwich.
Praça das Flores 63, www.cervetecalisboa.com, Mo–Fr 15.30–1.00, Sa–So 15.30–2.00 Uhr, Bier 5 €, Metro Am Rato

(4) Cupcakes sind schon aus der Mode? Nicht bei **Tease**. Wähle aus dem breiten Angebot an (Cup-)Cakes und anderen süßen Leckereien. Alles ist hier hausgemacht. Einer Explosion von Farben und Geschmacksrichtungen kannst du bei Tease nicht entkommen! Sehr zu empfehlen ist der klassische *red velvet cupcake*. Oder bestelle einen köstlichen Schoko-Cupcake.
Rua Quintinha 70b, Tel. +351 215962773, www.tease.pt, Mo–Do 9.00–23.00, Fr–So 9.00–24.00, So 10.00–20.00 Uhr, Getränk mit Cupcake 6 €, Metro Am Rato

(5) In der **Gelateria Nannarella** bekommst du echtes italienisches Eis aus natürlichen Zutaten. Hier findest du Klassiker, aber auch Sorten wie Melone, Apfel-Zimt und Oreo. In der kleinen *gelateria* kann man nicht sitzen, aber es gibt Bänke um die Ecke, im Hinterhof des Parlamentsgebäudes.
Rua Nova da Piedade 64, Tel. +351 926878553, www.nannarella.pt, tgl. 12.00–22.00 Uhr, Eis 2,50 €, Metro Am Rato

(15) Das Restaurant **Book** gehört zum Hotel da Estrela. Das Besondere ist, dass man hier in einem privaten Garten sitzt, in dem im Sommer Picknicks organisiert werden. Du bezahlst nach Zufriedenheit. Ist deine Entenkeule mit Risotto perfekt, dann zahle zum Beispiel 19 €, sonst 15 €. Ein tolles Erlebnis!
Rua Saraiva de Carvalho 35, Tel. +351 211900100, www.hoteldaestrela.com, Di–Sa 12.30–15.00 & 19.30–22.00 Uhr, Preis nach Zufriedenheit, Metro Am Rato

(16) **Raffi's Bagels** bietet eine große Auswahl an Bagels mit frischen lokalen Zutaten. Du kannst deinen Bagel an Ort und Stelle essen oder mitnehmen. Lust auf Süßes? Dann probiere einen amerikanischen Brownie.
Rua Saraiva de Carvalho 120b, Tel. +351 214055099, www.raffisbagels.pt, Mo 10.00–15.00, Di–So 9.00–16.00 Uhr, Bagel 7 €, Bus 709 Rua Saraiva de Carvalho

(19) Ein opulenter Brunch versetzt dich in echtes Urlaubsfeeling. Das **Amélia Lisboa** ist die richtige Adresse. Alles, was ein Brunch bieten sollte, steht hier auf der Karte, von frischen Säften über Pfannkuchen bis hin zu Açaibowls. Auch für Menschen mit Gluten- oder Laktoseintoleranz gibt es eine große Auswahl.
Rua Ferreira Borges 101, Tel. +351 213850863, www.ilovenicolau.com/pt/onde-estamos/amelia, Mo–Fr 8.30–22.00, Sa–So 8.30–22.30 Uhr, Brunch 15 €, Bus 774 Rua 4 Infantaria

Happy & healthy

(22) **A Minha Cozinha** lässt sich wörtlich mit „meine Küche" übersetzen. Wenn du eintrittst, spürst du sofort die persönliche Atmosphäre und riechst den köstlichen Duft frisch gebackener Croissants. In dem kleinen Restaurant werden Frühstück, Mittagessen und Nachmittagstee serviert. Lass dich von den leckeren, großen Sandwiches verführen oder wähle eine hausgemachte Torte. Möchtest du lieber draußen sitzen? Es gibt einen kleinen Innenhof.

Rua de Infantaria 16 63a, Tel. +351 213880941, insta @a_minha_cozinha, Mo–Di & Do–So 9.30–19.00, So 10.00–19.00 Uhr, Tagesgericht 6,50 €, Brunch 15 €, Tram 25, 28 Rua Saraiva de Carvalho

(24) **O Melhor Bolo de Chocolate do Mundo** bedeutet „der beste Schokoladenkuchen der Welt". Und den findest du hier! Das köstliche Schokobaiser, eine der „geheimen" Zutaten, zergeht auf der Zunge. Es ist in Lissabon so bekannt, dass viele Restaurants es inzwischen als Dessert auf die Speisekarte setzen.

Rua Tenente Ferreira Durão 62a, Tel. +351 213965372, www.omelhorbolodechocolatedomundobycbl.net, Mo–Sa 9.00–7.30 Uhr, Kuchen 3 €, Tram 25, 28 Igreja do Santo Condestáve

(27) **Tasca da Esquina** ist das erste Restaurant des bekannten Küchenchefs Vitor Sobral. Die traditionellen portugiesischen Gerichte, die du hier bestellst, kannst du dir mit anderen teilen. Eine der Spezialitäten ist das *Pica Pau*, ein schmackhaftes Fleischgericht.
Rua Domingos Sequeira 41c, Tel. +351 919837255, www.tascadaesquina.com, tgl. 12.30–15.30 & 19.30–23.30 Uhr, 22 €, Tram 25, 28 Rua Domingos Sequeira

(30) Mitten in einem Wohngebiet würde man kein derart hippes Restaurant erwarten wie das **Clube de Jornalistas**. An einigen Wänden finden sich originale Fliesen aus dem 17. Jahrhundert und nach hinten raus liegt ein Innenhof. Das Restaurant macht seinem Namen alle Ehre: Es ist bei Journalisten und Politikern sehr beliebt.
Rua das Trinas 129, Tel. +351 213977138, restauranteclubedejornalistas.com, Mo–Sa 12.30–14.30 & 19.30–22.30 Uhr, 15 €, Tram 25 Rua de São Domingos a Lapa

(32) Eine echte französische Bäckerei ist **La Boulangerie**. Bestelle hier zum Frühstück ein Buttercroissant oder mittags ein Baguette, eine Quiche oder einen Salat. Es gibt eine kleine Sitzecke mit offener Küche, wo du den Bäckern bei der Arbeit zusehen kannst. Auch die Picknick-Menüs für zwei sind sehr lecker!
Rua do Olival 42, Tel. +351 213951208, Insta @laboulangerielisboa, Tgl. 7.30–21.00 Uhr, Picknick-Menü für zwei 35 €, Bus 713, 714, 727 Rua das Janelas Verdes

(33) **Le Chat** befindet sich in einem Glaskubus neben dem Museu Nacional de Arte Antiga mit tollem Blick auf den Fluss. Das moderne Restaurant serviert leichte Gerichte wie Salate, Sandwiches und andere Snacks. Am Abend legt oft ein DJ auf und es werden besondere Cocktails serviert. Die Außenterrasse mit Liegestühlen und Wärmelampen ist auch im Winter geöffnet.
Jardim 9 de Abril, Tel. +351 213963668, lechat.pt, Mo–Do 12.30–1.00, Fr–So 12.30–2.00 Uhr, 15 €, Bus 713, 714, 727 Rua das Janelas Verdes

(35) Die **Taberna da Esperança** hat eine jugendliche, lockere Atmosphäre. Das hippe Vintage-Interieur und die freundliche Bedienung tragen ebenfalls dazu bei. Bestelle hier die geschmorte Ente in Rotwein oder wähle einen der *petiscos*.
Rua da Esperança 112, Tel. +351 213962744, Fb @tabernadaesperanca, Mo–Di & Do–Fr 19.30–2.00, Sa–So 13.00–16.00 & 19.00–2.00 Uhr, 16 €, Tram 25 Conde Barão

(36) Alles auf der Speisekarte von **Frade Dos Mares** ist köstlich, aber der Tipp ist immer das *polvo à lagareiro*. Das traditionelle portugiesische Gericht ist ein Tintenfisch aus dem Ofen mit gebackenen Kartoffeln. Bitte den Kellner, dir einen passenden Wein zu empfehlen. Von der Vorspeise bis zum Dessert: Hier kannst du Spitzenqualität und -service erwarten. Reserviere frühzeitig einen Tisch.
Avenida Dom Carlos I 55a, Tel. +351 213909418, www.fradedosmares.com, Mo–Fr 12.30–15.00 & 18.30–22.30, Sa–So 13.00–15.30 & 18.30–22.30 Uhr, 17 €, Tram 25 Conde Barão

SHOPPEN

(8) Während deines Aufenthalts in Lissabon sind dir in einem Café oder Restaurant bestimmt schon die bunten Gläser aufgefallen. Diese beliebten Wein- und Wassergläser, aber auch andere Glaswaren für den Haushalt, bekommst du bei **Depósito da Marinha Grande**. Die Glasfabrik geht auf das Jahr 1769 zurück und wurde von keinem Geringeren als dem Marquis von Pombal gegründet.
Rua São Bento 234, www.dmg.com.pt, Mo–Fr 9.00–19.00, Sa 9.00—13.00 Uhr, Metro Am Rato

(10) Wo die Straßen so eng sind, dass die Tramlinie 28 einen fast umfährt, liegt das Fachgeschäft **D'Olival**. Hier findest du schöne (und schmackhafte) Mitbringsel. Neben portugiesischem Olivenöl werden Gewürze, Olivenseife und schöne Tischkeramik angeboten. Alle Produkte im Laden stammen von Kleinbauern und Unternehmern, die die Besitzer Lino und Helena alle mit Namen kennen. Frage ruhig, ob du etwas probieren darfst.
Rua Poiais de São Bento 81, dolival.pt, Mo–Sa 11.00–19.00, So 11.00–18.00 Uhr, Tram 28 Rua Poiais de São Bento

(11) In dem kleinen Lebensmittelladen **Consi.go** findest du Leckereien zum Mitnehmen, wie beispielsweise Bio-Obst und gesunde Snacks. Ideal für ein Picknick im nahegelegenen Estrela-Park. Kaffee oder Saft sind ebenfalls erhältlich; die Besitzer bereiten gern alles frisch zu.
Calçada da Estrela 79, consigo.org, Mo 9.00–17.00, Fr 9.00–19.00, Sa 9.00–14.30 Uhr, Tram 28 Calçada da Estrela

8

11

10

10
OLIVAL
zeites & cia

18

18

(12) Vintage-Liebhaber werden von einem Besuch im **MID MOD** begeistert sein. Der Laden ist voll von originellen Vintage-Objekten und die Lampensammlung ist sehr umfangreich. Henrique Salgado, der Unternehmer hinter MID MOD, hat einen fotografischen Hintergrund. Daher sieht das Geschäft wie ein Bild aus.
Rua da Bela Vista à Lapa 40, www.midmod.pt, Di–Sa 14.30–19.00 Uhr, Tram 28 Calçada da Estrela

(18) Designliebhaber aufgepasst: **Banema studio** begann 2016 als Concept Store in einer ehemaligen Kunstgalerie in Porto. Jetzt haben sie einen Laden in Lissabon geöffnet und auch *Alfacinhas* erfreuen sich nun an schönen Kunstobjekten und Designerdesigns, die auf internationalen Trends basieren. Lass dich von Marken wie Hay, Papelote, Ferm Living und Foekje Fleur inspirieren. Regelmäßig finden Workshops statt, in denen du zum Beispiel Holzlöffel herstellst oder kunstvolle Weidenkörbe flechtest.
Rua Coelho da Rocha 27c, www.banemastudio.pt, Di–Sa 10.00–19.00 Uhr, Tram 25, 28 Rua Domingos Sequeira

(20) Seit 1933 bürgt diese Marke aus Portugals zweitgrößter Stadt Porto für raffinierte handgemachte Schokolade. Du kannst bei **Arcádia** zwischen dunkler, weißer oder Milchschokolade mit verschiedenen Zucker- und Kakaoanteilen wählen. Es gibt Pralinen mit Füllung, darunter eine köstliche Variante mit Portwein. Das Geschäft hat Niederlassungen an anderen Stellen in der Stadt, unter anderem in der Avenida da Liberdade 180d und der Rua da Misericórdia 72.
Rua Almeida e Sousa 29, arcadiachocolates.com, Mo–Sa 10.00–20.00, So 10.00–18.00 Uhr, Tram 25, 28 Rua Saraiva de Carvalho

(26) Bei **Casa a Granel** wird alles nach Volumen verkauft: Mehl, Körner, Trockenfrüchte, Nüsse, Gewürze und Tee. Diese reinen Produkte in Gläsern und Behältern sind hübsch anzuschauen. Und es ist auch eine nachhaltige Art des Einkaufens. Auch wenn du Produkte nicht in großen Mengen kaufen möchtest, so lohnt es sich, vorbeizuschauen: Sie verkaufen auch Bio-Körperpflegemittel wie Seife und Deo.
Rua Francisco Metrass 6b, Fb @casaagranel Mo–Sa 10.00–19.30, So 10.00–18.00 Uhr, Tram 25, 28 Igreja do Santo Condestáve

FREIZEITTIPPS

① Der **Praça das Flores** ist einer der Orte, an denen man meistens vorbeiläuft, wenn man den Touristenrouten folgt. Auf diesem unentdeckten, romantischen kleinen Platz treffen sich Jung und Alt aus der Nachbarschaft. Die Bänke sind gut genutzt. Ein Brunnen und ein lila Kiosk komplettieren die entspannte Atmosphäre.
Praça das Flores, tgl. 12.00–2.00 Uhr, Eintritt frei, Metro Am Rato

⑥ Die **Rua de São Bento** ist für ihre zahlreichen Antiquitätengeschäfte bekannt. Auf beiden Straßenseiten reiht sich ein Vintage-, Retro- und Antiquitätenladen an den anderen. Einige Läden sind wie kleine Flohmärkte: Du musst gut suchen, aber mit etwas Glück findest du dann den Schatz, den du schon lange suchst.
Rua de São Bento, wechselnde Öffnungszeiten, Metro Am Rato

⑭ Der **Jardim da Estrela** ist eine grüne Oase der Ruhe inmitten des geschäftigen Treibens der Stadt. Der Park hat einen schönen Teich, Kioske und sogar ein Restaurant. Außerdem spazieren hier Enten, Schildkröten und Pfaue herum, und es gibt einen großen Kinderspielplatz. Im Sommer werden Jazzkonzerte organisiert, und man kann sich im Grünen entspannen und der Musik lauschen.
Largo da Estrela, tgl. 7.00–24.00 Uhr, Eintritt frei, Tram 25, 28 Estrela

㉑ Spaziere durch den **Jardim da Parada** und schaue den alten Männern beim Kartenspielen an den Steintischen zu. Hier ist es so entspannt, dass man meinen könnte, die Zeit stünde für einen Moment still. Am Kiosk kannst du einen Kaffee trinken und Zeitung lesen. Es gibt eine alte Telefonzelle mit Büchern zum Lesen.
Rua do 4 de Infantaria, tgl., Eintritt frei, Tram 25, 28 Rua Saraiva de Carvalho

㉓ Miguel Nabinho gründete 2000 seine Kunstgalerie, aber es gab keinen festen Ort für Künstler, um ihre Werke auszustellen. Drei Jahre später wurde die **Galeria Miguel Nabinho** im angesagten Viertel Campo de Ourique eröffnet. Die Galerie hat sich zu einer der bekanntesten zeitgenössischen Kunstgalerien in Portugal entwickelt. Ein Besuch lohnt sich für alle, die sich inspirieren lassen wollen. Die Website informiert über aktuelle Ausstellungen.
Rua Ten. Ferreira Durão 18b, www.miguelnabinho.com, Mo–Sa 10.30–13.00 & 14.00–19.45 Uhr, Eintritt frei, Bus 774 Rua Francisco Metrass

14

1
QUIOSQUE
-LISBOA-

6

28

(25) Der **Mercado de Campo de Ourique** war bis vor Kurzem ein gewöhnlicher Markt, der mehr und mehr verfiel. Glücklicherweise wurde er modernisiert und bietet nun neben der Möglichkeit, frische Produkte zu kaufen, auch ein kulinarisches Erlebnis. In kürzester Zeit ist er zu einem beliebten Ort für Jung und Alt geworden. Zwischen den Gemüse- und Fischständen gibt es kleine Restaurants und Imbissbuden. Die Auswahl ist riesig. Trinke einen Gin Tonic an der Gin-Bar und esse dann Sushi in dem kleinen japanischen Restaurant. Denke daran, dass die meisten traditionellen Marktstände oft nur tagsüber geöffnet sind.
Rua Coelho da Rocha, Fb @mercadodecampodeourique, Mo–Do & So 10.00–23.00, Fr–So 10.00–1.00 Uhr, Eintritt frei, Tram 25, 28 Igreja do Santo Condestável

(28) Die authentische **Tram 25**, die seit 1901 in Betrieb ist, fährt vom Campo de Ourique nach Alfandaga. Eine Fahrt ist billig und ideal, wenn du zur Abwechslung mal nicht zu Fuß die Stadt erkunden möchtest. Auf dieser Tramlinie trifft man weniger Touristen als auf der Tramlinie 28.
Rua Domingos Sequeira, www.carris.pt, tgl. 7.00–23.00 Uhr, Fahrt 3 €

(29) Die Besitzerin eröffnete **Cristina Guerra Contemporary Art** 2001 und hat seitdem Werke von etwa 25 Künstlern ausgestellt. Jedes Jahr organisiert sie eine Reihe von Ausstellungen mit verschiedenen Werken, darunter Malerei, Skulpturen, Videoarbeiten und Fotografie. Dies ist zweifelsohne eine der renommiertesten Galerien für zeitgenössische Kunst in Portugal.
Rua de Santo António à Estrela 33, www.cristinaguerra.com, Di–Fr 11.00–19.00, Sa 15.00–19.00 Uhr, Eintritt frei, Bus 773 Rua do Possolo

(31) Im **Olissippo Lapa Palace Hotel** aus den 1870er-Jahren ist wirklich alles dekadent: von den Zimmern mit Marmorbädern im Art-déco-Stil bis zum wunderschön gepflegten tropischen Garten, von der idealen Temperatur des Wassers im Pool bis hin zum opulenten Frühstück. Aber du musst nicht im Hotel übernachten, um dort etwas zu essen oder zu trinken. Auf der Speisekarte stehen mediterrane Gerichte, aber natürlich kannst du auch nur eine Tasse Tee auf der schicken Terrasse genießen.
Rua do Pau da Bandeira 4, www.olissippohotels.com, tgl., High Tea ab 12 €, Tram 25 Rua Garcia da Horta

ROUTE 5

BELÉM, ALCÂNTARA & CAIS DO SODRÉ

INFOS ZUR ROUTE

Dieser Spaziergang führt vorbei an allen kulturellen Highlights von Belém, darunter Museen und Denkmäler aus Portugals goldenem Zeitalter. Die Route verläuft teilweise entlang der Promenade am Tejo und endet auf dem Fabrikgelände Lx Factory mit Restaurants, Boutiquen und Galerien in einem pulsierenden Vergnügungsviertel, in dem du zwischen zahlreichen Restaurants und Bars wählen kannst. Einen Teil der Strecke kannst du mit der Tramlinie 15 zurücklegen.

DIE VIERTEL

Belém ist das ehemalige Fischerdorf, von dem aus die portugiesischen Entdecker ihre Überseereisen begannen. Vasco da Gama startete hier seine Expedition nach Indien. Belém ist daher voll von Hinweisen auf Portugals goldenes Zeitalter und koloniale Expansion. Später wurde es zu einem begehrten Wohnsitz der Reichen. Das Erdbeben von 1755 richtete kaum Schäden an, sodass viele historische Gebäude noch stehen, wie das **Mosteiro dos Jerónimos** und der **Torre de Belém**, die beide unter Denkmalschutz stehen. Sie sind im spätgotischen manuelinischen Stil gebaut, der für Portugal typisch ist. Außerdem befinden sich hier zwei alte Königspaläste: der **Palácio Nacional da Ajuda** und der Palácio de Belém, auch bekannt als der „rosa Palast", die offizielle Residenz des portugiesischen Präsidenten.

Kurz nach dem Beitritt Portugals zur EU 1987 wurde das **Centro Cultural de Belém** errichtet, ein modernes Gebäude, das sich dennoch gut in die historische Umgebung einfügt. Hier finden häufig zeitgenössische Aufführungen und Ausstellungen statt. Belém ist nicht nur kulturell interessant, du kannst auch am Tejo entlangflanieren oder dich auf eine Caféterrasse setzen. Eine lokale Spezialität ist *Pastéis de Belém*.

Zwei Hotspots befinden sich im Stadtteil **Alcântara**. Die Docas de Santo Amaro und die **Lx Factory**. In den *docas* wurden alte, baufällige Lagerhäuser in trendige

Restaurants und Bars umgewandelt. V
auf den kleinen Bruder der Golden Ga
de 25 de Abril. Etwas weiter liegt die
das sich heute als einzigartiger Ort für
rants präsentiert.

Cais do Sodré war früher ein Rotlicht
angesagtes Vergnügungsviertel. Auße
an der Station von Cais do Sodré vorb
Südufer des Tejo hin- und herzufahren

WENIG ZEIT? DAS SIND DIE HIGH
MOSTEIRO DOS JERÓNIMOS + MA

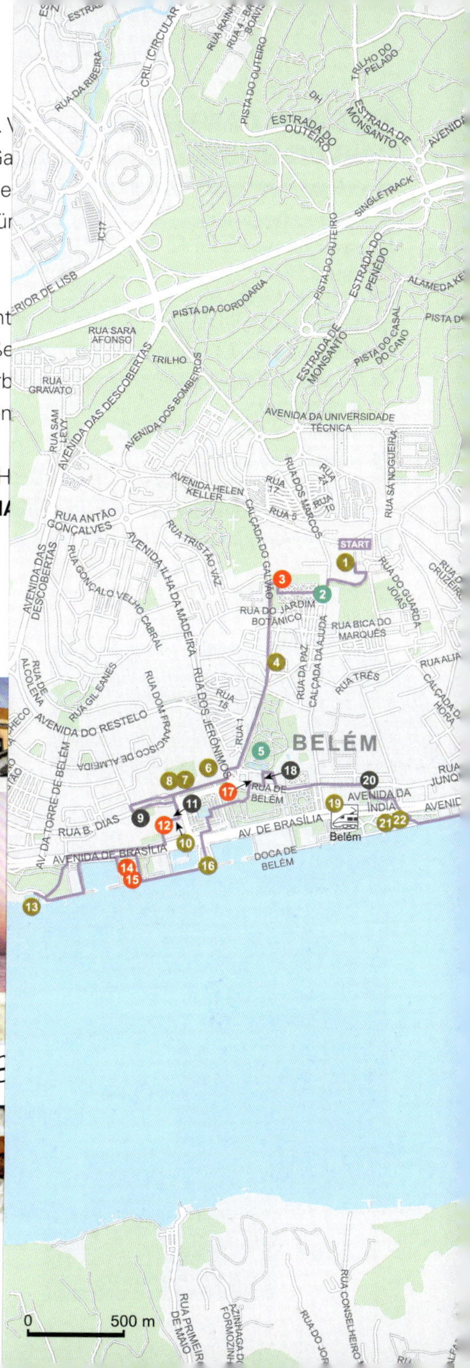

LEGENDE
>> SEHENSWÜRDIGKEITEN
>> ESSEN & TRINKEN
>> SHOPPEN
>> FREIZEITTIPPS
PARQUE EDUARDO VII
LIBERDADE
CAMPO DE OURIQUE
PRINCIPE REAL
SÃO BENTO
ESTRELA
BAIRRO ALTO
SANTOS
CAIS DO SODRÉ
Tejo
ROUTE 1
ROUTE 2
ROUTE 4
ROUTE 5
ZIEL
Campolide
Parque
Picoas
Marquês de Pombal
Rato
Avenida
Rossio
Alcântara-Terra
Calvário (tram)
Alcântara-Mar
Av. Infante Santo
Cais Rocha
Santos
Conde Barão/ Av. 24 Julho
Cais do Sodré
AVENIDA ENGENHEIRO DUARTE PACHECO
EIXO NORTE-SUL
AVENIDA DE CEUTA
PONTE 25 DE ABRIL
AUTO-ESTRADA DO SUL
AV. 24 DE JULHO
AV. DA ÍNDIA
AVENIDA DE BRASÍLIA
RUA DA JUNQUEIRA
ESTRADA DO ALVITO
AVENIDA ÁLVARES CABRAL
AVENIDA DOM CARLOS I
RUA DAS AMOREIRAS
RUA DO SALITRE
CALÇADA DA ESTRELA
RUA DE SÃO BENTO
RUA DA LAPA
RUA DAS JANELAS VERDES
RUA DOM LUÍS I
RUA DO GINJAL
RUA DIREITA
23 24 25 26 27 28 29 30 31 32 33 34 35

BESCHREIBUNG ROUTE 5 (ca. 15,1 km)

Fahre mit Tram oder Bus von Cais do Sodré bis zum Palácio Nacional da Ajuda (1). Verlasse den Palast an der Vorderseite und biege rechts in die Alameda dos Pinheiros ein. Biege links ab zum Botanischen Garten (2), wo du brunchen kannst (3). Verlasse den Garten auf der anderen Seite und biege links in die Rua do Galvão ein. Gehe an der Igreja da Memória (4) vorbei zum tropischen Garten (5). Auf der rechten Seite liegen ein Kloster (6) und auf der Praça do Império das Museu Nacional de Arqueologia (7) sowie das Maritime Schifffahrtsmuseum (8). Auf der anderen Straßenseite befinden sich der Hangar Design Store (9) und das Centro Cultural de Belém (10), wo du ein Konzert besuchen, die Sammlung besichtigen und Design-Accessoires kaufen (11) kannst. Mache eine Pause (12), verlasse das Kulturzentrum an der Avenida da Índia und gehe rechts. Laufe zur Fußgängerbrücke und besteige den Torre de Belém (13). Spaziere am Jachthafen entlang, um etwas zu trinken oder zu essen (14) (15), oder schlendere am Wasser zum Padrão dos Descobrimentos (16). Gehe gegenüber dem Denkmal durch den Tunnel und entlang des Jardim da Praça do Império nach rechts zur Grünfläche daneben. Biege vor dem Restaurant Bem-Belem links ab, überquere die Rua de Belém und genieße die göttlichen *pastéis de Belem* (17). Wirf einen Blick in die künstlerische Gasse Travessa Marta Pinto (18). Jetzt rechts in die Travessa Ferreires a Belém und sofort wieder rechts zur Rua de Belém. Biege rechts ab in die Calçada da Ajuda. Hier liegen das Kutschenmuseum (19) und danach ein weiteres Geschäft (20). Überquere die Fußgängerbrücke zu deiner Rechten, um das Elektrizitätswerk (21) und MAAT (22) zu besuchen. Laufe weiter mit Blick auf die Ponte 25 de Abril (23) bis zu den Docas de Santo Amaro (24). Gehe durch den Fußgängertunnel des Bahnhofs Alcântara-Mar bis zum Ausgang an der Avenida da Índia und biege links ab zu Pilar 7 (25). Für den Besuch der Lx Factory biege nach der Brücke rechts in die Travessa do Conde da Ponte ein. An der Rua 1 de Maio rechts und die erste Straße wieder rechts. Hier findest du Lokale, Boutiquen und Galerien (26) (27) (28). Fahre mit der Tramlinie 15 von der Haltestelle Calvário bis zur Haltestelle Conde Barão. Überquere die Avenida 24 de Julho, gehe in die Rua do Instituto Industrial, rechts in die Rua Boavista (29) und rechts in die Rua Moeda (30). Spaziere Richtung Bahnhof und mache eine Pause (31). Verlasse ihn an der Rua Ribeira Nova, jetzt links, dann rechts und esse eine Kleinigkeit in der Rua Nova do Carvalho (32) (33) (34). Überquere die rosa Straße und gehe die Travessa Cotovelo hoch. Zweimal links und beende die Route an einem veganen Restaurant (35).

SEHENSWÜRDIGKEITEN

① Der **Palácio Nacional da Ajuda** wurde 1802 für die damalige königliche Familie erbaut, da ihre frühere Residenz durch das berüchtigte Erdbeben von 1755 zerstört wurde. Die Bauarbeiten wurden mehrmals unterbrochen, unter anderem, als die königliche Familie 1807 wegen der Invasion Napoleons nach Brasilien flüchtete. Der Palast wurde nie ganz fertiggestellt. Ein Teil des Palasts wird heute als Museum genutzt, in dem man die königlichen Möbel, das Geschirr und die Wandteppiche bewundern kann. In der Regel finden dort auch thematische Ausstellungen statt.
Largo da Ajuda, www.pnajuda.imc-ip.pt, Mo–Di & Do–So 10.00–17.30 Uhr, Eintritt 5 €, Bus 742, 760 Largo da Ajuda

④ Die **Igreja da Memória** ist eine reich verzierte Kirche im neoklassizistischen Stil, die zum Gedenken an das gescheiterte Attentat auf König José I. im Jahr 1758 errichtet wurde. Ein weiterer großer Portugiese, der Marquês de Pombal, wird ebenfalls hier geehrt; sein Grab befindet sich in dieser Kirche.
Largo da Memória, Mo–Sa 15.00–19.00 Uhr, Eintritt frei, Bus 727 Igreja da Memória

⑥ Das **Mosteiro dos Jerónimos** aus dem 16. Jahrhundert ist ein wahres Meisterwerk portugiesischer Spätgotik: dem manuelinischen Stil. In diesem verspielten und hochdekorativen Stil finden sich viele Anspielungen auf die Seefahrt und Entdeckungsreisen. Besonders die Ornamente des hohen Südeingangs und der Kreuzgänge sind beeindruckend. Nicht zu vergessen ist der Innenhof mit seinen stillen Gängen und dem Brunnen in der Mitte.
Praça do Império, www.mosteirojeronimos.pt, Mai–Sep. Di–Sa 10–18.30, So 10.00–18.00, Okt.–April Di–So 10.00–17.00 Uhr, Eintritt 10 €, Tram 15 Mosteiro dos Jerónimos

⑦ Im Westflügel des Mosteiro dos Jerónimos, wo früher die Schlafräume der Mönche waren, befindet sich heute das **Museu Nacional de Arqueologia**. Das Museum zeigt eine Sammlung archäologischer Funde wie Grabsteine, Masken, Schmuck, Keramiken, Mosaike und Münzen aus römischer und ägyptischer Zeit.
Praça do Império, www.museunacionalarqueologia.gov.pt, Di–So 10.00–18.00 Uhr, Eintritt 5 €, Tram 15 Mosteiro dos Jerónimos

13

23

22
Modern architecture

(8) An der Stelle, an der heute das **Museu de Marinha** steht, setzte Vasco da Gama 1498 die Segel in Richtung Indien. Das Museum erzählt die Geschichte der Schifffahrt mit maßstabsgetreuen Schiffsmodellen, Repliken von Karten des 16. Jahrhunderts und Navigationsinstrumenten. Du findest hier eine schöne Sammlung von Miniatur-Wasserflugzeugen.

Praça do Império, museu.marinha.pt, tgl. Mai–Sep. 10.00–18.00 Uhr, Okt.–April 10.00–17.00 Uhr, Eintritt 6,50 €, Tram 15 Centro Cultural Belém

(10) Das elegante **Centro Cultural de Belém** wurde vom italienischen Architekten Vittorio Gregotti und dem portugiesischen Architekten Manuel Salgado entworfen. Es bietet ein interessantes Kulturangebot, darunter Musik-, Tanz- und Theateraufführungen sowie Ausstellungen. Das Gebäude beherbergt das **Museu Coleção Berardo**. Dieses Museum zeigt eine fantastische Sammlung moderner und zeitgenössischer Kunst, darunter Werke von Picasso, Dalí, Duchamp, Mondrian und Francis Bacon.

Praça do Império, www.ccb.pt, Mo–Fr 8.00–20.00, Sa–So 10.00–18.00, Museum tgl. 10.00–19.00 Uhr, Eintritt Museum 5 €, Sa frei, Tram 15 Centro Cultural Belém

(13) Der **Torre de Belém** stammt aus dem Jahr 1515 und ist bis heute ein charakteristisches Bauwerk in Lissabon. Der Turm ist im manuelinischen Stil erbaut, dem Stil der portugiesischen Spätgotik. Ursprünglich stand der Verteidigungsturm auf einer Insel im Tejo, aber durch eine Landerweiterung ist er nun mit dem Festland verbunden.

Avenida de Brasília, www.torrebelem.pt, Di–So Mai–Sep. 10.00–18.30, Okt.–April 10.00–17.30 Uhr, Eintritt 6 €, Tram 15 Largo da Princesa

(16) Der riesige **Padrão dos Descobrimentos** wurde 1960 erbaut. Dieses Denkmal zeigt Heinrich den Seefahrer mit einem Gefolge bedeutender portugiesischer Künstler, Missionare und Seefahrer. Die Statue mit ihren bis zu neun Meter hohen Figuren scheint fast in den Tejo zu gleiten. Es macht Spaß, mit dem Aufzug auf eine Höhe von 52 Metern zu fahren. Dort hat man einen guten Blick auf die Weltkarte vor dem Denkmal, die zeigt, welche Länder zu portugiesischen Entdeckungen und Kolonien gehörten.

Avenida de Brasília, www.padraodosdescobrimentos.pt, März–Sep. tgl. 10.00–19.00, Okt. tgl. 10.00–18.00, Nov.–Feb. Di–So 10.00–18.00 Uhr, Eintritt 6 €, Tram 15 Mosteiro dos Jerónimos

(19) Bei einem Besuch des kürzlich renovierten **Museu Nacional dos Coches** kannst du die größte Sammlung von Kutschen und Waggons vom 16. bis 19. Jahrhundert bewundern. Neben Kutschen sind Galauniformen, Geschirre und andere Kleidungsstücke ausgestellt.

Praça Afonso de Albuquerque, www.museudoscoches.pt, Di–So 10.00–18.00 Uhr, Eintritt 8 €, Tram 15 Belém

(21) Das Museum **A Central** (Kraftwerk) hieß früher Museu da Electricidade und ist im ehemaligen Hauptquartier des zentralen Elektrizitätswerks am Fluss Tejo untergebracht. Das rot-weiße Gebäude aus dem frühen 20. Jahrhundert wurde von den französischen Ingenieuren Veillard und Touzet entworfen. Im Museum erfährst du alles über Themen wie Energie, Industrialisierung in Portugal und die Straßenbeleuchtung in Lissabon.

Avenida de Brasília, Central Tejo, www.fundacaoedp.pt, Mo & Mi–So 11.00–19.00 Uhr, Kombiticket A Central + MAAT 9 €, Tram 15 Belém

(23) Die schneeweißen Fliesen, mit denen das futuristische **MAAT**, Museum for Art, Architecture and Technology, verkleidet ist, sorgen durch die Reflexion des Lichts zu jeder Tageszeit für einen anderen Effekt. Entworfen wurde das Museum von Amanda Levete Architects. Hier finden wechselnde Ausstellungen zeitgenössischer Künstler und Architekten aus dem In- und Ausland statt.
Avenida Brasília, www.maat.pt, Mo & Mi–So 11.00–19.00 Uhr, Kombiticket A Central + MAAT 9 €, Tram 15 Altinho (MAAT)

(23) Die **Ponte 25 de Abril** ist fast identisch mit der Golden Gate Bridge in San Francisco. Das überrascht nicht, denn es war dasselbe amerikanische Unternehmen, das 1962 die Brücke baute. Ihr ursprünglicher Name war Ponte Salazar, nach dem Diktator, der die Brücke errichten ließ. Während der Nelkenrevolution 1974, bei der das diktatorische Regime gestürzt wurde, erhielt die Brücke den Namen Ponte 25 de Abril. Du kannst die Brücke mit dem Auto oder dem Zug überqueren.
Ponte 25 de Abril, www.lusoponte.pt, Überquerung Zug 3,55 €, Haltestelle Zug Entrecampos/Sete Rios

ESSEN UND TRINKEN

(3) In der Mitte des Jardim Botânico da Ajuda befindet sich das Restaurant **Estufa Real**. Es ist zugegebenermaßen etwas vornehm und altmodisch, aber das Essen ist ausgezeichnet, ebenso wie der Service. Sonntags gibt es von 12.30 bis 16.00 Uhr ein Brunch-Buffet, eines der besten in Lissabon. Aber dafür muss man schon ein bisschen tiefer in die Tasche greifen.
Jardim Botânico da Ajuda, Calçada do Galvão, Tel. +351 213619400, www.estufareal.com, Mo–Fr 10.00–17.00, So 12.30–16.00 Uhr, Brunch 42 €, Bus 727 Calçada do Galvão

(12) Der Name **Este Oeste**, „Ost-West", sagt es schon: Auf der Speisekarte stehen östliche und westliche Spezialitäten. In einem loungeähnlichen Ambiente kombinieren die Köche die japanische Küche mit der italienischen Küche. Die Pizzen kommen aus einem großen Holzofen und Sushi und andere Gerichte werden in einer offenen Küche zubereitet.
Centro Cultural de Belém, Praça do Império, Tel. +351 215904358, www.esteoeste.pt, tägl. 12.30–23.00 Uhr, Pizza 13 €, 5 Stücke Sushi 12 €, Tram 15 Centro Cultural Belém

30
.com
JANIS
JANIS
TAKE AWAY
Coffee & Matcha

33
LA PUTTANA

34

34

⑭ Das Restaurant **Feitoria** bietet eine schöne Kombination aus portugiesischer Küche und den exotischsten Küchen der Welt. 2013 wurde Koch João Rodrigues mit einem Michelin-Stern ausgezeichnet. Lass dich von seinem umfangreichen Menü überraschen. Das Restaurant ist stilvoll eingerichtet. Die Reproduktion einer japanischen Nanban-Tafel am Eingang zeigt die Ankunft der Portugiesen in Japan.
Altis Belém Hotel, Doca do Bom Sucesso, Tel. +351 210400208, www.restaurante-feitoria.com, Di–Sa 19.00–22.30 Uhr, Sieben-Gänge-Menü 145 €, Tram 15 Centro Cultural Belém

⑮ **À Margem** befindet sich in bester Lage: zwischen dem Denkmal der Entdeckungen und dem Turm von Belém. Die Aussicht ist unbezahlbar! Nicht umsonst ist die Bar aus Glas um eine Stahlkonstruktion herum gebaut. Die Glaswand lässt sich bei schönem Wetter vollständig öffnen. Wo auch immer du mit einem Salat oder einem frisch gepressten Saft Platz nimmst, du hast auf jeden Fall einen tollen Blick aufs Wasser.
Doca do Bom Sucesso, Tel. +351 918620032, www.amargem.com, tgl. Okt.–Mai 10.00–21.00, April–Sep. 10.00–23.00 Uhr, 15 €, Tram 15 Centro Cultural Belém

⑰ **Pastéis de Belém** ist eine Adresse, die man bei einem Besuch in Lissabon nicht verpassen sollte. Die Konditorei stellt seit Jahren die weltberühmten *Pastéis de Belém* her, köstliche Blätterteigtörtchen, die mit Vanillecreme gefüllt und mit Zimt und Zucker bestreut sind. Das genaue Rezept ist geheim; nur der Besitzer und die zwei Konditoren kennen es. Täglich gehen etwa 10 000 der *pastéis* über die Theke. Vor Ort kannst du das Gebäck warm essen. Normalerweise ist es hier sehr voll, aber wenn man in den großen Raum im hinteren Teil geht und sich in die Schlange stellt, bekommt man oft innerhalb von fünf Minuten einen Tisch.
Rua de Belém 84–92, Tel. +35 1 213637423, www.pasteisdebelem.pt, tgl. 8.00–20.00 Uhr, Pastel de Belém 1,20 €, Tram 15 Mosteiro dos Jerónimos

㉔ **Doca de Santo** serviert feine Tagesgerichte, aber auch das Fondue ist empfehlenswert. Manchmal spielt ein DJ, manchmal eine Band, und an einigen Abenden kannst du eine Karaoke-Session genießen. Im Sommer findet all dies im Freien statt und man kann bis spät in die Nacht unter den Sternen tanzen.
Doca de Santo Amaro, Armazém Cp, Tel. +351 21963535, docadesanto.com.pt, tgl. 12.00–24.00 Uhr, 13 €, Tram 15, 18 Alcântara/Avenida 24 de Julho

(27) Beim Besuch der Lx Factory ist ein Schokoladenkuchen bei **Landeau Chocolate** ein Muss. Hier wird mit dem Slogan *„If nothing else works, try chocolate cake"* geworben. Und das tun wir! An kühlen Tagen ist dies der ideale Ort für eine heiße Schokolade.

Rua Rodrigues Faria 103, Tel. +351 917278939, insta @landeau_chocolate, Mo–Do & So 12.00–19.00, Fr–Sa 12.00–23.00 Uhr, Schokokuchen 3,50 €, Tram 15 Estação de Santo Amaro

(29) **Comoba** ist ein großartiges Beispiel dafür, wie junge Portugiesen schöne Dinge erschaffen. In dieser Lunch-/Kaffeebar sind alle Details durchdacht und altmodische Handwerkskunst wird geschätzt und gewürdigt. Das merkt man am Styling des Restaurants und an der Küche, die biologische, lokale und unverarbeitete Zutaten verwendet. Comoba bietet seine eigene fair gehandelte Kaffeemischung, die du unbedingt probieren solltest. Wenn du Tee bevorzugst, dann bestelle einen *matcha*.

Rua de São Paulo 99, Tel. +351 963288453, www.comobalisboa.com, tgl. 9.00–15.30 Uhr, Kaffee 1,50 €, Mittagessen 12,50 €, Tram 25 Rua de São Paulo/Bica

(30) Ein bei Touristen und Portugiesen gleichermaßen beliebter Ort, etwa für einen Avocado-Toast. Das **Café Janis** mit seinen vielen an der Decke hängenden Pflanzen versprüht tropisches Flair. Wenn du mit einer kleinen Gruppe unterwegs bist, setze dich an den großen Holztisch mitten im Raum. Wenn ihr zu zweit seid, macht es euch in einer der Fensternischen gemütlich.

Rua da Moeda 1a, janislisboa.com, tgl. 8.00–1.00 Uhr, 15 €, Tram 25 Rua de São Paulo/Bica

(23) **Taberna Tosca** ist ein gemütliches, bei Einheimischen beliebtes Restaurant. Hier bestellt man eine Vielzahl kleiner Gerichte, die man sich teilt. Wenn du nur etwas trinken möchtest, bist du eine Tür weiter in der **Mercearia Tosca** genau richtig. Hier trinkt man guten portugiesischen Wein und Gin Tonic. Im Sommer bietet Taberna Tosca eine Außenterrasse an dem Platz, an dem sich die Einheimischen nach dem Essen gern auf einen Kaffee oder ein Bier treffen.

Praça de São Paulo 21, Tel. +351 218034563, www.tabernatosca.com, Mo–Do & So 12.00–24.00, Fr–So 12.00–2.00 Uhr, 23 €, Metro Vd Cais do Sodré, Tram 25 Rua de São Paulo

* For chocolate lovers

(33) Die Spezialität der Pizzeria **La Puttana** sind Pizzen ohne Tomatensauce. Pizzaiolo Patrick backt die leckeren Pizzen mit knusprigem, hauchdünnem Boden in seinem Holzofen. Die beiden langen Holztische mit Bänken vermitteln ein geselliges Gruppengefühl. Hier kann man bis in die späten Abendstunden sitzen. Der Name La Puttana („die Hure") verdankt das Lokal der Tatsache, dass sich hier früher das Rotlichtviertel befand.

Rua Nova do Carvalho 70, Tel. +351 915162919, Insta @laputtanapizzaria, Mo–Mi & So 12.00–24.00, Do–Sa 12.00–2.00 Uhr, 10 €, Metro Vd Cais do Sodré, Tram 25 Rua de São Paulo

(34) **Pensão Amor** ist Bar, Nachtclub und Theater in einem und befindet sich in einem ehemaligen schicken Bordell. Die Samtstühle, Kandelaber und pikanten Fotos an den Wänden strahlen noch immer diese Atmosphäre aus. Regelmäßig gibt es hier Musikauftritte und Burlesque-Shows. Ein besonderer Ort für einen Cocktail.

Rua do Alecrim 19, Tel. +351 213143399, www.pensaoamor.pt, Mo-Mi & So 14.00–3.00, Do–Sa 14.00–4.00 Uhr Getränk 4 €, Metro Vd Cais do Sodré

(35) Dieses vegane Restaurant befindet sich in der Nummer 26, daher der Name. Bestelle auf jeden Fall die Süßkartoffelpommes mit veganer Mayonnaise. Oder wie wäre es mit dem traditionellen portugiesischen Gericht *arroz de pato*? Das ist Reis mit Ente, aber im **Ao 26** wird es ohne Ente serviert; es ist aber vom Original kaum zu unterscheiden. Ao 26 beweist, wie lecker vegane Küche sein kann. Bringe ruhig nicht-vegane Partner oder Freunde mit. Komme frühzeitig oder reserviere einen Tisch.

Rua Vitor Cordon 26, Tel. +351 967989184, ao26vegan.eatbu.com, Mo–Fr 12.30–18.00, Sa–So 10.00–18.00 & 19.00–23.00 Uhr, 15 €, Metro Vd Cais do Sodré

SHOPPEN

(9) Im **Hangar Design Store** findest du dekorative Haushaltswaren von hervorragender Qualität. Die Auswahl umfasst Artikel portugiesischer und internationaler Designer, mit einer klaren Vorliebe für Dinge, die praktisch und schön sind. Denke an kleine Möbel, die du selbst zusammenbaust, und hippe Leuchten, aber auch an stilvolles Geschirr und andere originelle Gadgets.

Rua Bartolomeu Dias, Loja 1, Insta @hangardesignstore, tgl. 11.00–19.30 Uhr, Tram 15 Centro Cultural de Belém

(11) Hat dich der Besuch im Centro Cultural de Belém inspiriert und du möchtest selbst Kunst sammeln? Im **Centro Português de Serigrafia** werden kleine Kunstobjekte und schöne Siebdrucke zeitgenössischer Künstler angeboten.

Centro Cultural de Belém, Loja 7, www.cps.pt, tgl. 10.00–21.00 Uhr, Tram 15 Centro Cultural Belém

(18) Ein Paradies für alle, die schönen Schmuck lieben. Bei **Alexandra Corte-Real Jewellery** findest du von der Natur inspirierte Ringe, Ohrringe, Halsketten und Armbänder, aber auch schlichtere Entwürfe. Die in Porto ansässige Goldschmiedin Alexandra ist oftmals selbst im angrenzenden Atelier anwesend. Auch wenn du gerade keinen Schmuck suchst, solltest du einen Spaziergang durch die ruhige Gasse machen; ein großer Unterschied zur belebten Hauptstraße.

Travessa do Marta Pinto 14, Fb @joalhariaalexandracortereal, tgl. 11.00–18.00 Uhr, Tram 15 Mosteiro dos Jerónimos

(20) Dass Portugiesen kreative Köpfe sind, merken die meisten Besucher nach einigen Tagen in Lissabon. Es macht Spaß, zwischen den handgefertigten Produkten bei **From hand** zu stöbern. Hier verkauft Ana Produkte für Haus und Garten, hergestellt aus natürlichen Materialien. Die Liebe zum Detail, zur echten Handwerkskunst und zur Kreativität spürt man bei jedem Produkt. Ein Besuch lohnt sich immer.

Rua da Junqueira 362, www.fromhand.pt, Di–Sa 10.00–14.30 & 15.30–19.00 Uhr, Tram 15 Altinho (MAAT)

(28) **Ler Devagar** ist nicht irgendeine Buchhandlung. Die meterhohen Wände voller meterlanger Bücherregale sind beeindruckend, ebenso wie die im Raum schwebenden Kunstwerke und die alten Druckmaschinen im Obergeschoss. Hier finden regelmäßig Ausstellungen und Buchvorstellungen statt.

Rua Rodrigues Faria 103, www.lerdevagar.com, Mo–Mi & So 10.00–22.00, Do–Sa 10.00–24.00 Uhr, Tram 15 Estação de Santo Amaro

FREIZEITTIPPS

(2) Der **Jardim Botânico da Ajuda** ist der älteste botanische Garten Portugals. Er wurde 1768 im Barockstil als Teil des Palácio Nacional da Ajuda angelegt und umfasste bald mehr als 5000 Pflanzenarten. 1808 nahm Napoleon allerdings etwa 1500 Arten mit nach Paris. Glücklicherweise sind die tropischen Bäume und die schönen Blumenbeete heute so schön wie nie zuvor. Das Prunkstück ist der außergewöhnliche Drachenblutbaum.

Calçada da Ajuda, www.isa.ulisboa.pt/visitantes/jardim-botanico-da-ajuda, Mo–Fr 10.00–17.00, Sa–So 10.00–18.00 Uhr, Eintritt 2 €, Tram 18 Calçada da Ajuda

(5) Der **Jardim Botânico Tropical** hieß früher Jardim do Ultramar, eine Anspielung auf die ehemaligen portugiesischen Kolonien. Es ist also kein Zufall, dass man hier seltene tropische Bäume und Pflanzen aus eben diesen überseeischen Regionen antrifft. Der Garten ist ein beliebter „Spielplatz" für Wissenschaftler und Botaniker aus aller Welt; für Besucher ist er eine ruhige, grüne Oase.

Largo dos Jerónimos, www.ulisboa.pt/patrimonio/jardim-botanico-tropical, tgl. Winter 10.00–17.00, Sommer 10.00–20.00 Uhr, Eintritt 2 €, Tram 15 Mosteiro dos Jerónimos

31
Time Out
MARKET
LISBOA

26

(25) Seit Herbst 2017 ist Lissabon um einen besonderen *miradouro* (Aussichtspunkt) reicher: **Pilar 7**, direkt neben der Ponte 25 de Abril. Du kannst mit einem modernen Aufzug hinauffahren, um einen einzigartigen Blick über die Brücke und den Tejo zu genießen. Derweil erfährst du alles über den Bau und die Geschichte dieses Bauwerks, das der Golden-Gate-Brücke ähnelt.
Avenida da Índia, tgl. Mai–Sep. 10.00–20.00, Okt.–April 10.00–18.00 Uhr, Eintritt 6 €, Zug Richtung Cascais, Alcântara–Mar

(26) Eine Gruppe verlassener Lagerhäuser und Fabrikgebäude wurde 2008 zu einer kreativen Insel, der **Lx Factory**. Dort dreht sich jetzt alles um Mode, Marketing, Kommunikation, Kunst, Architektur und Nachtleben. Auf dem Gelände gibt es Street Art zu sehen und jeden Sonntag findet hier der **LxMarket** statt, ein hippie-schicker Markt, auf dem sich die Hipster tummeln.
Rua Rodrigues Faria 103, www.lxfactory.com, Lx Factory tgl. 6.00–2.00, Lxmarket Sommer So 11.00–20.00, Winter So 10.00–18.00 Uhr, Eintritt frei, Tram 15 Estação de Santo Amaro

(31) **Time Out Market** ist ein trendiger *food market* mit rund 30 Ständen bekannter Köche. Hier gibt es alles, was das Herz begehrt: von Fischburgern bis zu Beefsteak-Tatar und von Torte bis zu Charcuterie. Du kannst alles an den Ständen bestellen und dann an den Tischen in der Mitte essen. Die meisten Stände beziehen ihre Zutaten aus dem angrenzenden traditionellen **Mercado da Ribeira**, der größten überdachten Markthalle in Lissabon.
Avenida 24 de Julho, www.timeoutmarket.com, Time Out Market tgl. 10.00–24.00, Frischmarkt Mo–Do 6.00–14.00, Fr 6.00–22.00, Sa–So 6.00–20.00 Uhr, Eintritt frei, Metro Vd Cais do Sodré, Tram 15, 18 Cais do Sodré

ROUTE 6

CASCAIS

INFOS ZUR ROUTE

Verrückt nach dem Meer? Dann ist diese Route ein absolutes Muss. Tagsüber macht es Spaß, Cascais zu Fuß zu erkunden. Du kannst auch mit dem Rad die Küste entlangfahren; Fahrräder sind am Bahnhof zu mieten. Entspanne am Strand, bei einem Bad im Meer oder bei einem Spaziergang entlang der faszinierenden Felsenküste mit Boca do Inferno als Highlight. Genieße die Straßencafés und malerischen Geschäfte. Am Abend kannst du in einem der vielen Restaurants etwas essen und in das pulsierende Nachtleben eintauchen.

DIE STADT

Du kannst eine Städtereise nach Lissabon perfekt mit einem Tag in **Cascais** verbinden, einem gemütlichen Badeort etwa 30 Kilometer westlich von Lissabon. Der Zug fährt in 40 Minuten von Lissabons Bahnhof Cais do Sodré entlang der Küste, der Costa de Estoril, nach Cascais. Während der Zugfahrt kannst du die schöne Aussicht genießen.

Cascais war einst ein einfaches Fischerdorf, aber als die königliche Familie Ende des 19. Jahrhunderts beschloss, den Sommer hier zu verbringen, folgten viele wohlhabende *Lisboetas* ihrem Beispiel und überall entstanden luxuriöse Sommervillen. Estoril, das im Osten an Cascais grenzt, war ebenfalls lange Zeit ein mondänes Seebad und bei Königen und Adeligen sehr beliebt. Die natürliche Grenze der Seebäder im Norden – der Gebirgskamm Serra de Sintra – sorgt für ein angenehmes mediterranes Mikroklima. Die Winter sind mild, die Sommer schwül.

Das gute Wetter und der frühere Ruhm sorgen dafür, dass das moderne Cascais nach wie vor bei Einheimischen und Touristen gleichermaßen sehr beliebt ist. Es ist schick, hier in einer der stattlichen Villen zu wohnen. Der alte Dorfkern ist noch ziemlich intakt, mit schönen authentischen Gebäuden und Plätzen. Der Blick von der **Fortaleza da Cidadela** über die Bucht ist unvergleichlich. Mit der

Ankunft des **Pestana Cidadela Art Di**
künstlerischen Hotspot gewonnen. Wi
lokaler Künstler bewundern, ihnen bei
Drink im Innenhof genießen. Die **Mari**
seiner heutigen Form erst wenige Jah
meisterschaft statt. Wenn du Boote m
chen. Auch wenn du lieber mit oder o
du hier genau richtig. Wie wäre es mit

WENIG ZEIT? DAS SIND DIE HIGHL
MERCADO DA VILA + PARQUE MA
FERNO + PESTANA CIDADELA ART

Relax i

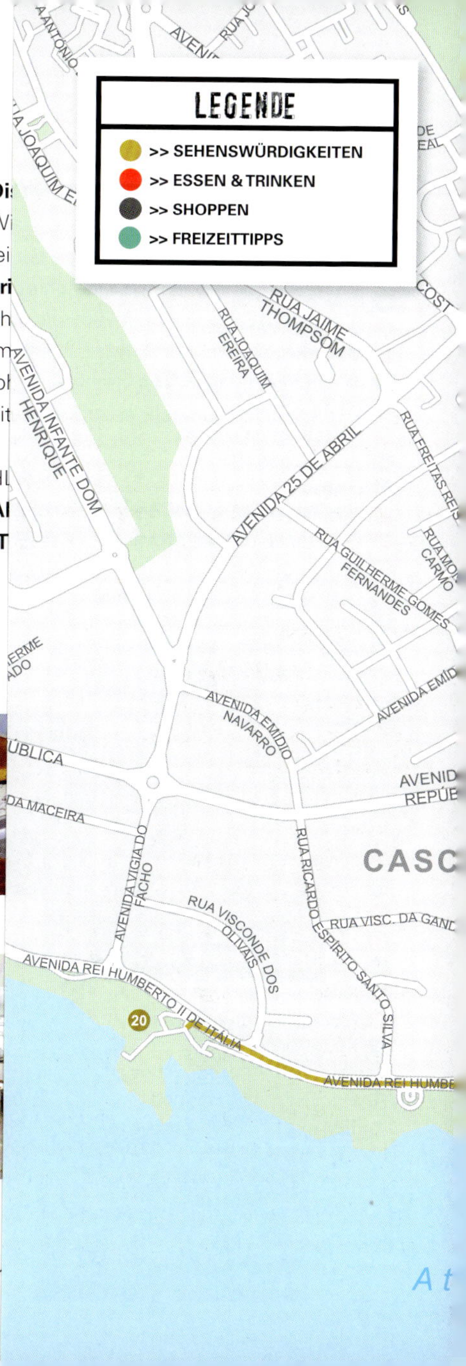

Parque de Palmela
Avenida Dom Pedro I
Avenida 25 de Abril
Avenida Marginal
Cascais
START
ZIEL
Alam. Duq. de Palmela
Grutas de Cascais
Avenida Valbom
Rua Frederico Arouca
Rua da Saudade
ROUTE 6
Câmara Mun. de Cascais
Museu do Mar
Avenida Dom Carlos I
Passeio Rainha Dona Maria Pia
Centro Cultural de Cascais
Fortaleza de Nossa Senhora da Luz
Parque Marechal Carmona
Museu Condes Castro Guimarães
Avenida Rei Humberto II de Itália
Farol de Santa Marta
Rua Visconde da Luz
Rua da Bela Vista
Rua A. Sanches
Beco das Terras
Rua dos Navegantes
Rua do Gama
Rua Conde Ferreira
Rua da Vitória
Avenida Vasco da Gama
Rua Sacadura Cabral
Avenida do Ultramar
Rua Vista Alegre
Avenida de Sintra
Avenida do Brasil
Rua Marechal Carmona
Travessa Alto do Moinho Velho
Paredão
lantischer Ozean
0
150

BESCHREIBUNG ROUTE 6 (ca. 7,6 km)

Nimm vom Bahnhof Cais do Sodré den Zug nach Cascais. Gehe aus dem Bahnhof heraus und in die Rua Doutora Iracy Doyle. Überquere die Straße vor The Craft Company 1. Gehe die Avenida 25 Abril ein Stück hinauf, bis du den Stadtmarkt 2 siehst, und iss frischen Fisch 3. Gehe zurück zum Bahnhof und am Kreisverkehr in die Rua Sebastião José Carvalho e Melo. An der Kurve geht es links in die Praia da Rainha 4. Laufe die Einkaufsstraße entlang und biege in die zweite Straße links ein. Du kommst am vegetarischen Dachrestaurant House of Wonders 5 vorbei oder du läufst noch ein Stück weiter für ein leckeres Fischgericht 6 am Largo Cidade de Vitória. Dann biege rechts ab zum Jardim Visconde da Luz 7 oder besuche einen coolen Concept Store 8 gleich links in der Rua Alexandre Herculano. Halte dich auf dieser Straße links. Gehe in die Rua Novo da Alfarrobeira zu einem ruhigen kleinen Restaurant 9. Folge der Travessa Navegantes nach oben und biege die zweite Straße rechts ab zu einer Boutique 10. Gehe zurück zur Travessa Navegantes. In der ersten Straße auf der linken Seite kannst du eine Boutique 11 besuchen und ein Mittag- oder Abendessen mit Bubbles 12 bestellen. Biege anschließend in die Travessa do Prior ein. Am Ende der Straße links in die Rua Conde Ferreira. Biege dann die erste Straße rechts ab und du kommst zu einem guten Fischrestaurant 13. Gehe den Park hinunter und entdecke auf der rechten Seite zwei Museen 14 15. Setze deinen Weg fort durch den Parque Marechal Carmona 16 bis zur Casa de Santa Maria 17 und ein Stück weiter rechts siehst du den Leuchtturm 18. In der Avenida Rei Humberto II de Itália kannst du gut essen 19. Um die Boca do Inferno 20 zu besuchen, spaziere die Küste entlang in westliche Richtung. Gehe auf derselben Küstenstraße zurück zur Marina de Cascais 21, wo du ebenfalls gut essen kannst 22. Weiter durch die Avenida Rei Humberto II de Itália. Links liegt das Kulturzentrum 23 und rechts die Fortaleza da Cidadela 24, wo sich der Cidadela Art District 25 befindet. Hier kannst du den Spa nutzen, die Ateliers besichtigen oder im Lunch-Café etwas essen. Kehre zurück und überquere die Straße Avenida Dom Carlos I. und gehe weiter zur weißen Kirche. Dahinter kannst du Sushi oder Tapas essen 26 27. Gehe über die Rua Marquês Leal Pancada zurück zum Strand 28 und bewundere den Palast 29. Jetzt die Avenida Cambatentes da Grande Guerra hinunter und rechts in die Rua Frederico Arouca. Beende den Tag mit einem Sonnenuntergang auf einer Caféterrasse 30. Oder laufe zu SurfnPaddle 31. Oder genieße die Promenade 32 oder das Naturschwimmbad 33.

SEHENSWÜRDIGKEITEN

(14) Im **Museu do Mar** erfährst du mehr über die maritime Geschichte von Cascais. Das Museum umfasst drei Abteilungen: Naturgeschichte, Ethnologie und Archäologie. Im ethnologischen Flügel kannst du dich über die Fischer von Cascais informieren: ihre Kleidung, Boote und Entdeckungen. Das Museum besitzt Seekarten aus dem 16. Jahrhundert und interessante Fundstücke aus Schiffswracks.
Rua Júlio Pereira de Mello, museumar.cascais.pt, Di–So 10.00–18.00 Uhr, Eintritt 3 €, Bus 427 Praça 5 de Outubro

(15) **Casa das Histórias Paula Rego** zeigt eine große ständige Sammlung der bekanntesten lebenden Malerin Portugals, Paula Rego. In ihren oft grotesken Gemälden steht der Mensch mit all seiner Tragik im Mittelpunkt. Sie fasziniert den Betrachter durch ihre einzigartige Sichtweise auf menschliche Beziehungen. Das Gebäude, in dem das Museum untergebracht ist, ist ebenfalls sehenswert. Es ist ein Entwurf des renommierten portugiesischen Architekten Eduardo Souto Moura, Gewinner des begehrten Pritzker-Architekturpreises 2011.
Avenida da República 300, www.casadashistoriaspaularego.com, Di–So 10.00–18.00 Uhr, Eintritt 5 €, Bus 427 Praça 5 de Outubro

(17) Die **Casa de Santa Maria**, von dem Architekten Raúl Lino entworfen, kombiniert mediterrane Schlichtheit mit arabischen Einflüssen. Im Inneren gibt es eine Fliesen-Sammlung aus dem 17. Jahrhundert von einer alten Kapelle in Frielas.
Rua do Farol de Santa Marta, Di–So 10.00–18.00 Uhr, Eintritt 5 €, Bus 427 Estalagem do Farol

(18) Seit 2007 kann der Farol de Santa Marta zusammen mit dem **Santa Marta Lighthouse Museum** besichtigt werden. Hier erfährt man alles über Leuchttürme in Portugal. Anhand des Tagebuchs eines Leuchtturmwärters erfährst du mehr über den Leuchtturm von Santa Marta.
Rua do Farol de Santa Marta, Di–Fr 10.00–17.00, Sa–So 10.00–13.00 & 14.00–17.00 Uhr, Eintritt frei, Bus 427 Marina de Cascais

(20) **Boca do Inferno** bedeutet „Schlund der Hölle". Die Portugiesen prägten diesen bedrohlichen Namen für eine große Felsenschlucht, in der das Wasser

29

18

15

gewaltig wütet. An der sonst so ruhigen Küste ist es etwas ganz Besonderes, diese Naturgewalt zu erleben.

Avenida Rei Humberto II de Itália, Boca do Inferno, Bus 427 Boca do Inferno

(23) Das **Centro Cultural de Cascais** liegt in einem wunderschön restaurierten Nonnenkloster aus dem 16. Jahrhundert. Vor einigen Jahren wurde das Kulturzentrum mit viel Tamtam eröffnet, aber wegen fehlender finanzieller Mittel wurde es leider auf eine Kunstgalerie mit wechselnden Ausstellungen portugiesischer Künstler reduziert. Die leuchtend rosafarbene Fassade des Gebäudes – auch Casa Cor de Rosa, das rosafarbene Haus, genannt – ist für Architekturliebhaber interessant.

Avenida Rei Humberto II de Itália, www.fundacaodomluis.pt, Di–So 10.00–18.00 Uhr, Eintritt 5 €, Bus 427 Avenida da República – Quartel

(24) Nahe des Hafens liegt die **Fortaleza da Cidadela**. Die Festung wurde 1488 erbaut, um die Bucht von Cascais zu schützen, aber das Bauwerk konnte die Invasion der Spanier nicht stoppen. Im späten 16. Jahrhundert ließ Philipp II. von Spanien die Festung in eine Zitadelle im Renaissancestil umbauen, die noch immer über der Bucht thront. Heute befindet sich hier der Pestana Cidadela Art District.

Avenida Dom Carlosi, tgl., Eintritt frei, Bus 427 Avenida Cidadela

(29) Der **Palácio Seixas** ist eines der markantesten Gebäude an der Küste von Cascais. Der Palast wurde zu Beginn des 20. Jahrhunderts erbaut. Heute dient er als Versammlungsort und Konferenzraum für Offiziere der Marine.

Rua Fernandes Tomás 4, tgl., Eintritt frei, Zug Cascais

ESSEN & TRINKEN

(3) **Marisco na Praça** ist ein Muss für Liebhaber von Meeresfrüchten. Von Austern bis zu Tintenfischen und von Hummern bis zu Tigergarnelen. Die Auswahl ist riesig, und da das Restaurant im Mercado da Vila liegt, in der Nähe der Fischstände, ist alles super frisch. Die Einrichtung ist modern, mit traditionellen Details.

Avenida Dom Pedro I, Tel. +351 214822130, www.marisconapraca.com, tgl. 12.00–24.00 Uhr, 12 €, Zug Cascais

⑤ Das vierstöckige vegetarische Restaurant **House of Wonders** ist ein wahrer Augenschmaus. Das Lokal bietet eine bunte Explosion kreativer Dekorationen, die meist von lokalen Künstlern stammen. Was das Essen angeht, so lautet hier der Grundsatz „vom Hof auf den Tisch". Also viel Obst und Gemüse der Saison, möglichst von lokalen Bauern. Auch das sorgt für ein farbenfrohes Bild, allerdings auf dem Teller. Von der Dachterrasse aus hat man einen herrlichen Blick auf die Bucht von Cascais.

Rua das Flores 1, Tel. +351 911702428, Fb @houseofwonders, tgl. 10.00–23.00 Uhr, 10 €, Bus 427 Avenida Valbom

⑥ Im Restaurant **Maritímo** findest du Farbe, sowohl auf dem Teller als auch um dich herum. Neben Fischgerichten, Pasta und Salaten wird hier *Queijo de Azeitão*, ein traditioneller Käse aus Azeitão, einem Dorf südlich von Lissabon, serviert. Das ist ein weicher Frischkäse, den man mit einem Stück Brot aus der Rinde „löffelt". Nicht hungrig, sondern Lust auf ein erfrischendes Getränk? Dann bestelle einen Krug Sangria, bis zum Rand mit frischen Früchten gefüllt.

Largo Cidade Vitória 37, Tel. +351 214843988, www.restaurantemaritimo.com, Mo–Sa 9.00–21.30 Uhr, 14 €, Bus 427 Avenida Valbom

⑨ Etwas abseits des Trubels liegt **Restaurante Paulinha**. Hier steht Paula – Kosename Paulinha – selbst in der Küche und bereitet leichte Gerichte zu. Ihre selbstgebackenen Kuchen und Süßigkeiten sind als einige der leckersten von Cascais bekannt. Das Interieur ist schlicht, aber hierher kommt man wegen des Essens!

Rua Nova da Alfarrobeira 6, Tel. +351 912561112, Fb @restaurantepaulinha.emcascais, Mo–Fr 9.00–19.00, Sa 9.00–17.00 Uhr, Kaffee mit süßer Leckerei 4 €, Zug Cascais

⑫ Abseits der Touristenströme, im authentischen Zentrum, liegt das Bar-Restaurant **Bubbles and Bites**. Der ideale Ort für einen *espumante* – portugiesischen Champagner – und Tapas. Die passionierten Besitzer Debora und Fred haben dieses Konzept erdacht und umgesetzt. Die Seifenblasen haben sie bis hin zu den besonderen Stühlen getragen! Sowohl Vegetarier als auch Fleisch- und Fischesser kommen hier auf ihre Kosten.

Travessa do Poço Novo 16a, Tel. +351 219016254, bubbles-and-bites.business.site, Di–Sa 18.00–22.30 Uhr, 13 €, Bus 427 Praça 5 de Outubro

30

5

13

5
CAFE & ROOF TERRACE
café
Thé
Café
Chá
Tchai
fresh

⑬ Wenn du bereit für ein typisch portugiesisches Erlebnis bist, dann speise im **O Cantinho da Belinha**. *Cantinho* bedeutet wörtlich „Ecke"; hier sitzt du also in Belinhas Ecke. Gegrillter Fisch ist die Spezialität des Hauses. Der Duft von frischem Fisch auf dem Grill: Wenn das kein Urlaub ist!

Avenida Vasco da Gama 133, Tel. +351 214822504, Sommer Di–So 12.00–15.30 & 19.30–22.30, Winter Di–Sa 12.00–15.30 & 19.30–22.30, So 12.00–15.30 Uhr, 10 €, Bus 427 Praça 5 de Outubro

⑲ Zugegeben, das Restaurant **The Mix** im Farol Design Hotel ist nicht billig, aber es ist nicht umsonst eines der Lieblingsrestaurants der Einwohner von Cascais, die im Allgemeinen recht gut situiert sind. Das Restaurant bietet eine ausgezeichnete Speisekarte und eine umfangreiche Cocktailkarte. Auch die riesigen Designer-Kronleuchter, die schicken Stühle und der herrliche Blick aufs Meer machen das Abendessen im The Mix zu einem besonderen Erlebnis.

Avenida Rei Humberto II de Itália 7, Tel. +351 214823491, www.farol.com.pt, tgl. 12.30–15.00 & 19.30–23.00 Uhr, 35 €, Bus 427 Marina de Cascais

㉒ Das Aushängeschild der **Mercearia Vencedora** ist das Lendensteak mit Knoblauch, serviert mit Reis, schwarzen Bohnen und Kartoffeln. Hast du einen großen Appetit? Kein Problem, es wird nachgefüllt, bis du satt bist. Mit dem schönen Blick auf den Jachthafen ist dies der ideale Ort, um sich vor einem Spaziergang an der Küste zu stärken.

Marina de Cascais, Tel. +351 214693333, www.merceariavencedora.com, tgl. 12.00–17.00 & 19.00–24.00 Uhr, 15 €, Bus 427 Marina de Cascais

㉖ Das japanische Sushi-Restaurant **Confraria** wird von Brasilianern geführt, was für eine besonders sonnige Atmosphäre sorgt. Die Möbel sind farbenfroh, genau wie die Kunst an den Wänden. Und selbst die Teller mit Sushi, die in der offenen Küche zubereitet werden, sind fröhliche Kunstwerke. Von der Terrasse aus blickt man auf einen idyllischen kleinen Platz mit einer Kirche und einigen Palmen.

Rua Luís Xavier Palmeirim 14, Tel. +351 214834614, confrariasushi.pt, Mo–Do & So 12.00–24.00, Fr–Sa 12.00–2.00 Uhr, 20 €, Bus 427 Avenida da República – Quartel

㉗ Sagst du Tapas in Cascais, dann sagst du **HÍFEN**. Bei dieser umfangreichen Speisekarte fällt die Wahl schwer. Wie wäre es zum Beispiel mit der Kürbistarte

mit Ziegenkäse, Tintenfisch aus dem Ofen oder Rotkohl-Kebab? Mit Blick auf die Bucht von Cascais ist es hier ideal, um sich von all den Eindrücken zu erholen.
Avenida Dom Carlos I 48, Tel. +351 915546537, www.hifenrestaurant.com, Mo–Do 12.30–16.00 & 19.00–24.00, Fr–Sa 12.30–2.00, So 12.30–24.00 Uhr, 25 €, Bus 427 Praça 5 de Outubro

(30) Ein versteckter Schatz in Cascais ist die **Albatroz Seafront Terrace**, die Bar des gleichnamigen Hotels. Suche dir einen Tisch am Wasser und genieße ein Glas Wein mit einem Schälchen Oliven nach einem anstrengenden Tag. Der Bahnhof ist in der Nähe, sodass du dir ein Gläschen genehmigen kannst.
Rua Frederico Arouca 100, Tel. +351 214847380, www.thealbatrozcollection.com, tgl. 12.30–22.30 Uhr, Glas Wein 5 €, Zug Cascais

SHOPPEN

(1) **The Craft Company** ist ein Paradies für alle, die Kunsthandwerk lieben. Hier werden Wolle, Garn, Bänder und alles verkauft, was man zum Stricken und Nähen braucht. Nur die besten Marken und die schönsten Farben kommen in den Laden. Es werden regelmäßig Workshops veranstaltet.
Praça Dr Francisco Sá Carneiro 4b, www.thecraftcompany.pt, Mo–Sa 11.00–13.30 & 15.00–18.00 Uhr, Zug Cascais

(8) Mit der Ankunft von **White & Voodoo** 2015 wurde der erste Concept Store von Cascais Wirklichkeit. Schöne Objekte und Kleidungsstücke sind hier zu finden. Der Stil ist eine Mischung aus lässig und glamourös. Auch die eigene Bekleidungsmarke White & Voodoo wird hier verkauft.
Travessa da Alfarrobeira 2a, www.whiteandvoodoo.com, Mo–Sa 10.00–19.00, So 13.00–18.00 Uhr, Bus 427 Avenida Valbom

(10) Die Seifen und Körperpflegeprodukte von **Juicy Soaps** sind handgemacht mit natürlichen Zutaten. Ideal also für Menschen mit empfindlicher Haut. Die Seifen, Balsame und *body bars* riechen alle ganz wunderbar!
Rua do Poço Novo 205a, Insta @juicy_soaps_pt, Mo–Fr 10.00–19.00, Sa 11.00–19.00 Uhr, Zug Cascais

10

8

11

1
SILK4MILK

Explore the unknown

(11) Du hast deinen Badeanzug oder Bikini vergessen oder brauchst einfach einen neuen? Bei **Embaú** findest schöne Bademode zu einem guten Preis. Sie haben auch Kleidung fürs Trockene, alles im raffinierten brasilianischen Schnitt. So kannst du im Handumdrehen den perfekten Strandlook shoppen.
Travessa do Poço Novo 8, www.embaustore.com, Mo–Sa 10.00–19.00 Uhr, Bus 427 Avenida Valbom

FREIZEITTIPPS

(2) Der **Mercado da Vila** ist allein schon wegen seiner blauen *azulejos* (portugiesische Fliesen) einen Besuch wert. Das Gebäude des Stadtmarktes wurde vor einigen Jahren komplett renoviert und sieht wieder frisch und wie neu aus. Jeden Mittwoch und Samstag verkaufen die Markthändler hier Gemüse, Obst, Fisch, Blumen und andere frische Produkte. Kleidung und Haushaltswaren werden ebenfalls angeboten.
Avenida Dom Pedro I, Fb @mercadodavilacascais, Mi & Sa Frischwarenmarkt, jeden 1. & 2. So auch Haushaltswaren, Eintritt frei, Zug Cascais

(4) Cascais hat viele kleine Strände, von denen **Praia da Rainha** der zentralste ist. Dieser „Königinnenstrand" verdankt seinen Namen Königin Amélia de Orleães, die diesen Strand zu ihrem Privatstrand machte. Das ist kaum verwunderlich, denn das Wasser hier ist immer ruhig und klar, und die zerklüfteten Felsen geben ein geschütztes Gefühl.
Beco da Praia da Rainha, tgl., Eintritt frei, Zug Cascais

(7) Seit 1867 ist der **Jardim Visconde da Luz** der Treffpunkt von Cascais. Früher wurden hier regelmäßig Fado-Aufführungen, Konzerte und Spielangebote für Kinder angeboten. Heute kannst du hier jeden Mittwoch den Flohmarkt und einmal im Jahr einen Büchermarkt besuchen.
Avenida dos Combatentes da Grande Guerra, Cascais, tgl., Eintritt frei, Zug Cascais

(16) Für viele Einwohner und Besucher von Cascais ist der **Parque Marechal Carmona** der ideale Ort zum Entspannen. Im Sommer bieten die Bäume

Kühlung. Im Park gibt es einen Teich, einen Spielplatz, eine Ausleihstelle für Spiele und einen Sportpavillon. Jeden Samstag findet ein Biomarkt statt.
Parque Marechal Carmona, April–Okt. 8.30–19.45, Nov.–März 8.30–17.45 Uhr, Eintritt frei, Bus 427 Praça 5 de Outubro

(21) Ein mondäner Urlaubsort wie Cascais kommt natürlich nicht ohne Jachthafen aus. Die **Marina de Cascais** hat auch eine historische Bedeutung: Nicolau Coelho, der erste Kapitän von Vasco da Gamas Flotte, ging in dieser Bucht an Land, um dem portugiesischen König von den Entdeckungen in Übersee zu berichten. Heute befinden sich hier viele Restaurants und Geschäfte, und das umliegende Wasser ist ideal für Wassersport. Der Hafen ist regelmäßig Schauplatz großer Wassersportveranstaltungen, wie der Women's Sailing Champions League. Die Marina de Cascais zieht übrigens nicht nur Touristen an; auch eine Gruppe neugieriger Delfine schaut regelmäßig vorbei.
Casa de São Bernardo, www.mymarinacascais.com, tgl., Eintritt frei, Bus 427 Marina de Cascais

(25) Der **Pestana Cidadela Art District** liegt innerhalb der Mauern der Zitadelle von Cascais. Hier befindet sich das **Pousada Cascais Hotel** mit Spa und Schwimmbad, das du gegen eine Gebühr nutzen kannst. Aber dieser Ort ist vor allem interessant, weil sich hier auch Künstler niedergelassen haben. Du kannst sie in ihren Ateliers besuchen und ihre Arbeiten bewundern. Es gibt ein Lunchcafé, **Taberna da Praça**, mit einer Außenterrasse. Darüber befindet sich das große Buchantiquariat **Déjà Lu**.
Avenida Dom Carlos I, Cascais, www.cidadelaartdistrict.com, tgl., Eintritt Art District frei, Massage im Hotel 50 € inkl. 3 Stunden Zugang zu den Pools, Bus 427 Avenida da República – Quartel

(28) Der **Praia da Ribeira de Cascais** ist ein schöner Stadtstrand, an dem man im Sommer in der Sonne entspannen oder ein Bad im ruhigen, klaren Meer nehmen kann. Ein Tipp: Breite abends, wenn die meisten Strandbesucher gegangen sind, dein Handtuch aus und hole eine Flasche guten portugiesischen Weins aus der Tasche, um zum Abschluss eines schönen Tages die Wellen zu genießen.
Largo 5 de Outubro, tgl., Eintritt frei, Bus 427, 5 de Outubro

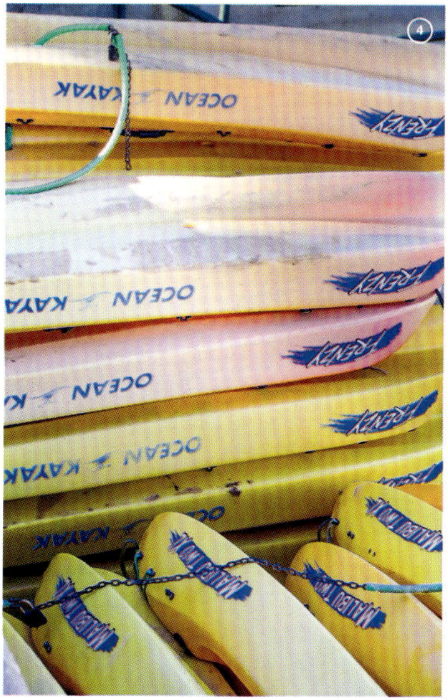
4
OCEAN KAYAK
FRENZY

28

4

* Fun at the beach

(31) Wenn du dich sportlich betätigen möchtest, schaue bei **SurfnPaddle** vorbei und buche eine Surfstunde. Du stehst auf dem Surfbrett und paddelst. Du kannst auch nur die Ausrüstung leihen und dich selbst aufmachen. Die Technik lernt man schnell, was Stand-up-Paddling zu einer der angesagtesten neuen Sportarten macht. Du kannst sogar auch einen einen *Supyogales*-Kurs buchen.
Praia do Duquesa, www.surfnpaddle.com, tgl. 9.00–19.00 Uhr, SUP-Stunde 25 €, Zug Cascais

(32) **Paredão** ist der Teil der Strandpromenade zwischen Cascais und Estoril. Seine gemütlichen Terrassen und flanierenden Menschen machen ihn zu einem beliebten Ort bei den Einheimischen. Man kann hier den ganzen Tag verbringen und die Passanten beobachten. Die Parade beginnt früh mit Joggern und anderen Sportfans. Dann kommen Strandbesucher und Frühstückspublikum, die gegen Mittag von den Mittagsgästen abgelöst werden. Nach dem Nachmittagsdrink treffen die Gäste zum Abendessen ein. Gegen elf wird es wieder ruhiger und die verliebten Paare bleiben. Tipp: Für ein Eis aus 100 % natürlichen Zutaten gehst du zu **Artisani Cascais**.
Rua Frederico Arouca, Zug Cascais

(33) Zwischen den Felsen im Meer findest du eine willkommene Überraschung: ein in die Felsen gehauenes Naturschwimmbad mit Meerwasser. Für ein erfrischendes Bad im Meer am Ende des Tages ist die **Piscina Oceânica Alberto Romano** der ideale Ort! Die Wellen sorgen für ständig frisches Wasser. Du kannst deine Runden schwimmen oder dich treiben lassen – das ist hier einfacher als im offenen Meer.
Rua Frederico Arouca, tgl., Eintritt frei, Zug Cascais, Bus 427 Avenida Valbom

WAS ES SONST NOCH GIBT

Ⓐ Der **Jardim das Amoreiras** ist nicht nur eine wunderschöne Grünfläche inmitten der Stadt, sondern beherbergt auch eine Reihe von Attraktionen. Der Park liegt am Ende des oberirdischen Aquädukts, das du im Wassermuseum besichtigen kannst. Du interessierst dich mehr für Kunst? Dann besuche das **Museu Arpad Szenes – Vieira da Silva**, mit den Sammlungen von Arpad Szenes (1897–1985) und Maria Helena Vieira da Silva (1908–1992), untergebracht in einer alten Seidenfabrik. Hunger bekommen? Dann kaufe etwas Leckeres am Parkkiosk.

Praça das Amoreiras 56-58, www.fasvs.pt, tgl., Eintritt frei, Museum 5 €, Metro Rato

Ⓑ Im **Museu do Oriente** findest du eine Dauerausstellung, aber es gibt häufig wechselnde Ausstellungen zum Thema Fernost. Das Museum widmet den fünf Jahrhunderten portugiesischer Präsenz in Asien große Aufmerksamkeit, aber auch der Reichtum und die Vielfalt asiatischer Kulturen stehen im Mittelpunkt.

Avenida Brasília, Doca de Alcântara, www.museudooriente.pt, Di–So 10.00–18.00, Fr 10.00–20.00 Uhr, Eintritt 6 €, Tram 15 Infanto Santo, Bus 714 Alcântara / Avenida 24 de Julho

Ⓒ Mitten auf dem ehemaligen Gelände der Weltausstellung liegt das fantastische **Oceanário de Lisboa**, das größte Aquarium Europas und das zweitgrößte der Welt. Im 6000 m^3 großen Becken werden die Ökosysteme der fünf großen Ozeane simuliert. Insgesamt leben hier rund 8000 Tier- und Pflanzenarten. Ein besonders beeindruckendes Spektakel.

Esplanada Dom Carlos I, Doca dos Olivais, www.oceanario.pt, tgl. Sommer 10.00–20.00, Winter 10.00–19.00 Uhr, Eintritt 19 €, Metro Vm Oriente

Ⓓ Die **Ponte Vasco da Gama** ist Lissabons ganzer Stolz. Mit siebzehn Kilometern Länge ist sie die zweitlängste Brücke Europas. Sie überspannt den Tejo und verbindet die Orte Sacavém und Montijo. Entworfen wurde die Brücke zu Ehren der Weltausstellung Expo 98. Da es damals fünfhundert Jahre her war, dass Vasco da Gama den Seeweg nach Indien über das Kap der Guten Hoffnung entdeckte, wurde die Brücke nach ihm benannt.

Ponte Vasco da Gama, www.lusoponte.pt, Zugang Auto 2,75 €

F
World famous!

C

F

Ⓔ Wenn du Lust auf eine Fahrt über den Tejo hast, nimm die **Telecabine**. Mit dieser Seilbahn schwebst du etwa zwanzig Meter über dem Fluss am Ufer entlang. Von der Kabine aus hast du einen tollen Blick auf die Ponte Vasco da Gama und das Expo-Gelände.

Passeio das Tágides, www.telecabinelisboa.pt, tgl. Sommer 10.30–20.00, Winter 11.00–18.00 Uhr, Hin- und Rückfahrt 8 €, Metro Vm Oriente

Ⓕ Von Belém aus hast du einen guten Blick auf den imposanten **Cristo Rei**, die 28 Meter hohe Christusstatue, die eine kleine Nachbildung der bekannteren Version aus Rio de Janeiro ist. Um dorthin zu gelangen, fahre mit der Fähre von Cais do Sodré auf die andere Seite und steige dort in den Bus. Du kannst auch mit dem Auto oder Taxi über die Ponte 25 de Abril dorthin gelangen. Am Cristo Rei kannst du mit dem Aufzug in der Statue hinauffahren.

Alto do Pragal / Almada, www.cristorei.pt, tgl. 1.–14. Juli & 1.–20. Sep. 9.30–18.45, 15. Juli–31. Aug. 9.30–19.30, 21. Sep.–30. Juni 9.30–18.00 Uhr, Eintritt 6 €, Fähre von Cais do Sodré nach Cacilhas, dann Bus 101

Ⓖ Der **Palácio Nacional de Queluz** liegt etwas außerhalb von Lissabon. Der elegante Rokoko-Palast mit Spiegelsaal wird auch als das Versailles Portugals bezeichnet. Auf einer Führung siehst du die geräumigen Säle, die mit Artefakten aus der zweiten Hälfte des 18. Jahrhunderts eingerichtet sind. Der berühmte französische Architekt Le Robbilon entwarf das Hauptgebäude und die schönen Gärten. Le Nôtre, der Architekt von Versailles, war sein großes Vorbild, aber Le Robbilon brachte die Proportionen des *pálacio* auf ein menschlicheres Niveau und gab dem Gebäude ein freundlicheres Aussehen. Die alte Küche rechts vom Palast beherbergt heute das gute Restaurant Cozinha Velha.

Largo do Palácio, Queluz, www.parquesdesintra.pt/pt/parques-monumentos/palacio nacional-e-jardins-de-queluz, tgl. 9.00–18.00 Uhr, Eintritt 10 €, Zug ab Rossio, Bahnhof Queluz–Belas

Ⓗ Nordwestlich von Lissabon liegt **Sintra**, die schöne Stadt, in der die portugiesischen Könige vom 13. bis zum 19. Jahrhundert ihre Sommerresidenz hatten. Sintra gehört wegen seiner üppigen subtropischen Vegetation und seiner schönen Landhäuser zum UNESCO-Weltkulturerbe. Zu den Höhepunkten zählen der **Palácio Nacional de Sintra** mit seinen zwei typischen Schornsteinen

und der auf einem Hügel gelegene **Palácio da Pena** aus dem 19. Jahrhundert. Auf dem Weg dorthin passierst du das **Castelo dos Mouros**, die maurische Burg aus dem 7. und 8. Jahrhundert, und die **Quinta da Regaleira** im opulenten neugotischen Stil. Weiter geht es zum **Palácio de Seteais**, heute ein Hotel, das als Haus für einen niederländischen Konsul erbaut wurde. Dann gibt es noch den **Palácio de Monserrate** mit einem wunderschönen botanischen Garten. Vom Bahnhof Rossio bringt dich ein Direktzug in 40 Minuten nach Sintra.
Sintra, www.parquesdesintra.pt, Paläste verschiedene Zeiten und Preise, Zug vom Bahnhof Rossio zum Bahnhof Sintra

(I) **Cabo da Roca** ist der westlichste Punkt des europäischen Festlands. Die Klippe befindet sich inmitten des **Parque Natural de Sintra-Cascais**, der zum UNESCO-Weltkulturerbe für Kulturlandschaften gehört. Von Cascais oder Sintra aus führt eine schöne Strecke mit dem Bus dorthin. Das „Felsenkap" selbst ist 140 Meter hoch und auf der Spitze des Felsens steht ein Leuchtturm aus dem Jahr 1772.
Estrada Cabo da Roca, Sintra, Lokalbus 2,25 €, Eintritt frei, Bus 403 Cabo da Roca

(J) Möchtest du Lissabon mit Hilfe eines erfahrenen Führers erkunden, ohne dich wie ein Tourist zu fühlen? Dann ist eine private Tour bei **Thuis in Lissabon** genau das Richtige. Ortskundige Führer zeigen dir die Straßen, Plätze und Kirchen, die du auf eigene Faust wahrscheinlich nicht entdecken würdest. Anhand von (persönlichen) Geschichten lernst du die Stadt auf andere Weise sehen und verstehen. Reservierungen kannst du auf der Website vornehmen.
Praça Duque da Terceira, www.thuisinlissabon.nl, tgl. (auf Vorbestellung), 55 €, Metro Vd, Bus 207, 736, Tram 15, 18 Cais Sodré

H

INDEX

LISSABON

SEHENSWÜRDIGKEITEN

ESSEN & TRINKEN

INDEX

28
CORLEONE
UNDERDOGS
2023

IN GLEICHER REIHE

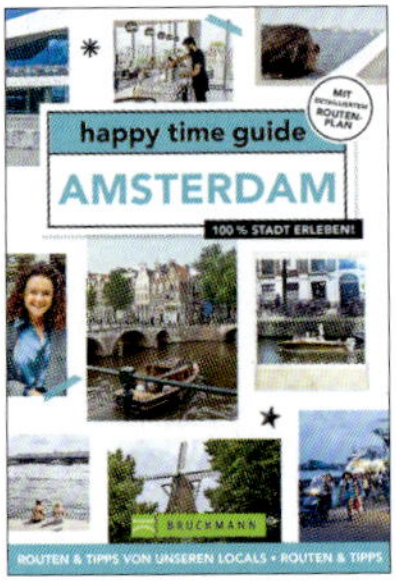

ISBN 978-3-7343-2021-7

ISBN 978-3-7343-1879-5

ISBN 978-3-7343-1996-9

ISBN 978-3-7343-2590-8

ISBN 978-3-7343-1878-8

ISBN 978-3-7343-1998-3

Happy time guide – mehr als ein Reiseführer!

Der happy time guide nimmt dich mit auf unterschiedliche Spaziergänge, auf denen du die Stadt in deinem eigenen Tempo entdeckst und den Lebensstil der Locals kennenlernst. Und das alles, ohne dich vorbereiten zu müssen! Alle Adressen sind persönliche Empfehlungen der Autoren, die in der Stadt leben. Mit inspirierenden Bildern und praktischen Ausklappkarten.

ISBN 978-3-7343-2579-3

BRUCKMANN

www.bruckmann.de

IMPRESSUM

© 2023, published by mo'media, Rotterdam. Die Originalausgabe mit dem Titel »time to momo LISSABON + CASCAIS« ist im Juni 2022 im Verlag mo'media erschienen.

This edition is published by Bruckmann Verlag GmbH
in cooperation with »time to momo«.
Autorin: Stephanie Waasdorp
Fotos: Jelle Oostrom, Vincent van den Hoogen, Ilse Ouwens
Layout: Studio 100%, Oranje Vormgevers
Kartografie: Van Oort redactie en kartografie
Repro: Marcel Beijnsberger

DEUTSCHE AUSGABE
© 2023 Bruckmann Verlag GmbH,
Infanteriestraße 11a, 80797 München

Verantwortlich: Claudia Hohdorf
Übersetzung: Birgit van der Avoort
Redaktion: Susanne Maute
Korrektorat: Ralf J. Klumb | The Wordworms
Satz: mcp concept GmbH
Repro: LUDWIG:media
Herstellung: Alexander Knoll
Printed in Türkiye by Elma Basim

ISBN 978-3-7343-1997-6

★★★★★

Sind Sie mit diesem Titel zufrieden? Dann würden wir uns über Ihre Weiterempfehlung freuen. Erzählen Sie es im Freundeskreis, berichten Sie Ihrem Buchhändler, oder bewerten Sie bei Onlinekauf. Und wenn Sie Kritik, Korrekturen, Aktualisierungen haben, freuen wir uns über Ihre Nachricht an Bruckmann Verlag, Postfach 40 02 09, D-80702 München oder per E-Mail an lektorat@verlagshaus.de.

Unser komplettes Programm finden Sie unter www.bruckmann.de

Alle Angaben dieses Werkes wurden von der Autorin sorgfältig recherchiert und auf den neuesten Stand gebracht sowie vom Verlag geprüft. Für die Richtigkeit der Angaben kann jedoch keine Haftung übernommen werden, weshalb die Nutzung auf eigene Gefahr erfolgt. Insbesondere bei GPS-Daten können Abweichungen nicht ausgeschlossen werden. Sollte dieses Werk Links auf Webseiten Dritter enthalten, so machen wir uns die Inhalte nicht zu eigen und übernehmen für die Inhalte keine Haftung.

In diesem Buch wird aus Gründen der besseren Lesbarkeit das generische Maskulinum verwendet. Weibliche und anderweitige Geschlechteridentitäten sind dabei ausdrücklich mitgemeint, soweit es für die Aussage erforderlich ist.

Die Deutsche Nationalbibliothek verzeichnet diese Publikation in der Deutschen Nationalbibliografie; detaillierte bibliografische Daten sind im Internet über http://dnb.d-nb.de abrufbar.

ERSCHIENEN

978-3-7343-2583-0

ISBN 978-3-7343-2581-6

ISBN 978-3-7343-2576-2

978-3-7343-2582-3

ISBN 978-3-7343-2580-9

ISBN 978-3-7343-1883-2

978-3-7343-2578-6

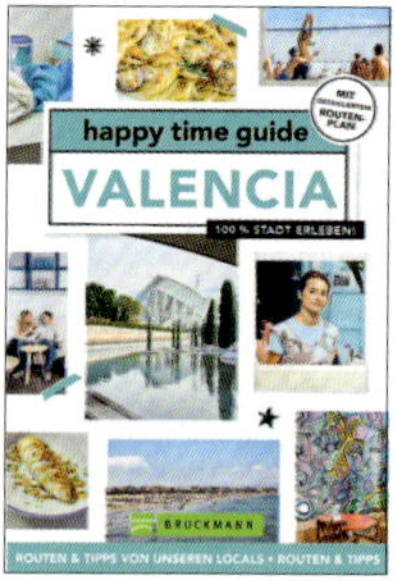

ISBN 978-3-7343-1999-0

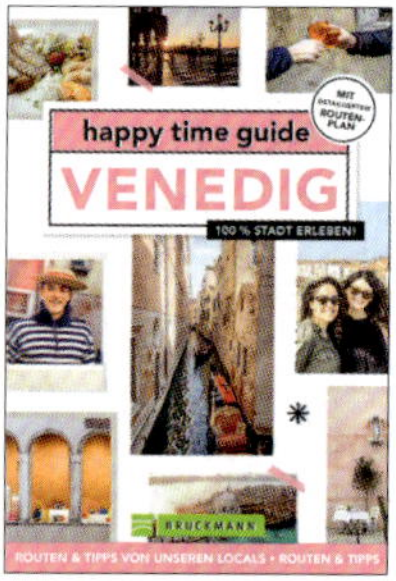

ISBN 978-3-7343-2577-9